Metodologia do Ensino de Língua Portuguesa e Estrangeira

Esta coleção composta de oito títulos discute muitas das questões mais relevantes para aqueles que têm na língua seu objeto de estudo. Professores de Língua Portuguesa e de línguas estrangeiras modernas podem se beneficiar das várias metodologias de ensino contempladas na coleção, que traz, em uma multiplicidade de enfoques, densidade teórica e riqueza na proposição de estratégias pedagógicas dinâmicas. O estudante e o acadêmico da área também encontram nestes títulos teorias e discussões fundamentais em linguística, literatura e tradução.

Estudos Linguísticos: dos Problemas Estruturais aos Novos Campos de Pesquisa

Didática e Avaliação em Língua Portuguesa

A Didática do Ensino e a Avaliação da Aprendizagem em Língua Estrangeira

Produção e Avaliação de Materiais Didáticos em Língua Materna e Estrangeira

Compreensão e Produção de Textos em Língua Materna e Língua Estrangeira

Literatura, Expressões Culturais e Formação de Leitores na Educação Básica

Teoria e Prática da Tradução

Comunicação e Tecnologia no Ensino de Línguas

Alessandra Fernandes
Anna Beatriz Paula

EDITORA
intersaberes

Compreensão e Produção de Textos em Língua Materna e Língua Estrangeira

EDITORA intersaberes

Av. Vicente Machado, 317 . 14º andar
Centro . CEP 80420-010 . Curitiba . PR . Brasil
Fone: (41) 2103-7306
www.editoraintersaberes.com.br
editora@editoraintersaberes.com.br

Dados Internacionais de Catalogação na Publicação (CIP)
(Câmara Brasileira do Livro, SP, Brasil)

Fernandes, Alessandra
Compreensão e produção de textos em língua materna e língua estrangeira / Alessandra Fernandes, Anna Beatriz Paula. – Curitiba: InterSaberes, 2012. – (Coleção Metodologia do Ensino de Língua Portuguesa e Estrangeira; v. 5)

ISBN 978-85-8212-164-1

1. Linguagem e línguas – Composição e exercícios – Estudo e ensino 2. Linguagem e línguas O Estudo e ensino I. Paula, Anna Beatriz da Silveira II. Título III. Série.

12-07940 CDD 407

Índices para catálogo sistemático:
1. Linguagem e línguas: Linguística: Estudo e ensino 407

Foi feito o depósito legal.

1ª edição, 2012.

Sumário

Apresentação

Este livro é a continuação de toda uma ampla discussão que caracteriza a coleção de metodologia do ensino, da qual temos orgulho de participar como autoras. Não é uma tarefa fácil, uma vez que temos que garantir a interlocução com as brilhantes colocações anteriores de modo a dar prosseguimento à ampla discussão proposta neste conjunto de livros.

Isso posto, temos então uma divisão natural, o que resultou em uma apresentação em duas partes: a primeira, intitulada *Compreensão e produção de textos em língua portuguesa*, apresentada nos dois primeiros capítulos, e a segunda, intitulada *Compreensão e produção de textos em língua estrangeira*, nos dois últimos capítulos.

No capítulo 1, apresentamos uma discussão acerca dos aspectos que caracterizam a leitura e a escrita como processos de construção do pensar, exigindo, portanto, articulações que lhe são próprias. Voltamos nosso olhar para o período da pré-escola justamente para apontar questões que desembocam no ensino médio, mas também para enfatizar o papel sócio-histórico da comunicação humana e, principalmente, da aquisição da escrita como movimento característico da evolução humana.

No segundo capítulo, fornecemos uma perspectiva crítica daquilo que ainda se sustenta de prática tradicional no ensino da língua portuguesa. Na sequência, tivemos o cuidado de apresentar estratégias que refletissem uma perspectiva mais abrangente das ações envolvidas, tanto na formação do leitor quanto no desenvolvimento da habilidade da escrita, ambas pensadas como práticas sociais.

No terceiro capítulo, trataremos da compreensão de textos em língua estrangeira. Inicialmente, retomaremos a discussão da presença da leitura em nosso cotidiano, para, então, prosseguirmos comentando como os diferentes tipos de texto moldam nossos objetivos e estilos de leitura. Ainda neste primeiro momento, apresentaremos as vantagens de ler em uma língua estrangeira. Em um segundo momento, enfocaremos questões pertinentes à leitura em língua estrangeira, como: processos de leitura; leitura intensiva e leitura extensiva; utilização de textos originais e adaptados. Em um terceiro momento, ao tratarmos sobre a leitura como um processo, abordaremos sugestões de atividades a serem feitas antes, durante e após a leitura do texto.

Finalmente, no quarto capítulo, trataremos sobre a produção de textos em língua estrangeira. Discutiremos a presença da escrita em nosso cotidiano, por que ler em língua estrangeira, as diferenças entres textos escritos e textos orais, assim como as vantagens que a produção escrita agrega ao aprendizado de uma língua estrangeira. Em seguida, nos dedicaremos ao tratamento da escrita de acordo com cinco abordagens: processual, comunicativa, por intermédio de atividades práticas, por intermédio de exercícios controlados e por intermédio de atividades criativas. Encerraremos o último capítulo comentando sobre critérios de avaliação de textos escritos em língua estrangeira.

Introdução

A educação continuada em todas as áreas de conhecimento é, atualmente, uma demanda de mercado. Na área educacional, é uma condição *sine qua non*[*] para os professores interessados em atualizar suas práticas pedagógicas. O processo de ensino-aprendizagem é um desafio e requer que os professores possuam um arcabouço teórico-prático que os possibilitem avaliar e adequar suas práticas sempre que necessário.

* *Conditio sine qua non*: do latim – condição indispensável.

Neste livro, nós desejamos poder contribuir para sua reflexão, professor de língua materna e professor de língua estrangeira, no que se refere ao tratamento da compreensão de textos e da produção escrita. Apresentaremos aspectos teóricos conjugados com exemplos práticos de atividades que poderão servir como *insight* para você criar suas próprias atividades, considerando as especificidades de seu contexto pedagógico.

Esta obra não pretende absolutamente esgotar a discussão acerca de como conduzir o processo de ensino-aprendizagem sobre compreensão e produção escrita em língua materna e em língua estrangeira. Porém, ao buscarmos sintetizar aspectos relevantes concernentes a essas práticas, esperamos motivá-lo a refletir sobre suas aulas e a buscar o aprofundamento necessário nas questões que lhe são mais pertinentes. Portanto, para auxiliá-lo neste processo, no final do livro, você encontrará uma bibliografia comentada com sugestões de leitura sobre alguns dos temas tratados neste livro.

Parte I

Compreensão e produção de textos em língua portuguesa

Capítulo 1

Há consenso sobre o fato de que vivemos em uma sociedade que supervaloriza a imagem, o visual. A informação está pronta e é digerida por meio dos meios de comunicação de massa, em especial a televisão, restando pouco tempo para reflexão ou aprofundamento na compreensão das mensagens que nos chegam. Isso é característica da comunicação midiática, que impera e seduz o público pela fascinação das imagens e pela síntese de todo e qualquer conhecimento. Como, então, transitar com a leitura e a escrita nesse contexto? É um desafio para todos! Mas torna-se maior ainda para nós, professores de Língua Portuguesa, que temos como dois de nossos objetivos principais a formação do leitor e o incentivo à produção escrita, tarefas que envolvem tempo, o qual os jovens têm pouca disponibilidade em ceder. Assim, pensar a compreensão e a produção de texto é fundamental! Porém, é mais adequado considerar um repensar, isto é, reconsiderar concepções que norteiem uma prática pedagógica inclusiva e emancipatória. Essa é nossa proposta de reflexão para este capítulo.

Compreensão de textos em língua materna

Todas as esferas da atividade humana, por mais variadas que sejam, estão relacionadas com a utilização da língua. Não é de surpreender que o caráter e os modos dessa utilização sejam tão variados como as próprias esferas da atividade humana.
(Mikhail Bakhtin, 1997)

1.1 A linguagem escrita

A linguagem escrita é uma grande conquista humana. Ela representa a evolução de nossa espécie em termos cognitivos, uma vez que as culturas ágrafas foram sucessivamente superadas ao longo da história. Afinal, as relações comerciais precisavam de símbolos que registrassem as negociações e as quantidades em relação aos objetos comercializados. Sem isso, de que maneira firmar contratos como os que aconteciam no Mediterrâneo, por exemplo, séculos antes de Cristo? Foi o caso da escrita cuneiforme (símbolos registrados com uma cunha em placas de argila), um sucesso absoluto de comunicação comercial da Antiguidade em função de sua resistência; característica que permitiu sua preservação até o nosso tempo.

Apesar de bem-sucedida, a escrita cuneiforme não se configurou, propriamente, em um alfabeto, algo que só veio a ocorrer com a intervenção grega na escrita fenícia, distinguindo consoantes e vogais que puderam, então, ser articuladas em sílabas. Esse, porém, não corresponde ao nosso alfabeto, obviamente, uma vez que nossos caracteres são latinos. E, acreditem, nós usamos as letras presentes no alfabeto utilizado pelos romanos no século VII a.C. Isso é que é uma ideia bem-sucedida, não?!

Para evitar uma perspectiva muito eurocêntrica da questão, convém destacar processos semelhantes ocorridos em duas culturas distintas: a árabe e a chinesa. São dois grandes troncos linguísticos de suma importância histórica, já que serviram de base a várias línguas a partir de invasões a outros países. Além das questões comerciais, aspectos culturais e religiosos devem ser considerados, a exemplo do que ocorre com a fé islâmica, que teve na escrita seu maior fator de disseminação, até porque o Corão – o texto sagrado do islamismo – foi ditado, de acordo com sua história, ao profeta Maomé, que, por sua vez, transmitiu a seguidores que o registraram por escrito.

No caso da escrita chinesa, não há alfabeto, mas ideogramas. E muito interessante é que, ao invés de ocorrer uma simplificação, a língua chinesa (o mandarim) foi ficando cada vez mais complexa: de 2.500 símbolos, existentes nos anos de 1700 a.C., passou-se a 50 mil atualmente. E sua estrutura é tão forte que praticamente não mudou ao longo desse tempo.

Esse tipo de retrospectiva histórica, ainda que brevíssima, é bastante interessante e nos mobiliza a enveredar pela história do alfabeto. Mas esse é apenas o início de nossas reflexões e, por isso, seguiremos adiante.

Como vimos, a escrita representou um avanço para a civilização humana. Só que não houve interrupção nessa trajetória, de modo que, a cada nova descoberta tecnológica, a cada ampliação de rede comercial e a cada encontro cultural, novas demandas se impuseram, tornando a escrita uma necessidade a partir já da Idade Média. Só que naquela época a elitização da escrita era tão forte que tornou a Igreja uma das principais forças de poder: eram os sacerdotes católicos que faziam, à mão, as cópias dos livros; e eram eles os tutores dos nobres, alfabetizando em língua materna e ensinando as línguas mais importantes para os intercâmbios comerciais e para os tratados políticos.

A popularização da escrita, sabemos, só foi possível graças à invenção de Gutemberg – a prensa tipográfica. E foi essa produção em série de textos – jornais e, na sequência, livros – que ampliou sobremaneira o acesso à linguagem escrita.

É possível viver sem a escrita?

1.2 A importância da escrita na sociedade letrada

A vida contemporânea exige o constante exercício da leitura e da escrita. Imersos em um mundo centrado na comunicação, estamos cercados por palavras, textos, imagens e por tantos outros conjuntos de signos. Assim é que se caracteriza uma sociedade letrada, ou seja, verificamos um cotidiano marcado pela necessidade de leitura: desde as orientações presentes nas telas dos caixas eletrônicos, sem as quais estaríamos condenados a longas e intermináveis filas nos bancos, até os rótulos das embalagens dos produtos que consumimos.

Mas é preciso ressaltar que a leitura a que estamos nos referindo não é a leitura de longos textos, mas sim de breves mensagens que cumprem funções específicas dentro da rotina de atividades da vida atual.

Isso, definitivamente, não seria um problema se outros tipos de leitura não estivessem sendo, praticamente, abandonados. Poucas pessoas leem poemas, romances ou jornais impressos, por exemplo. E é melhor nem investigar quantos leram a nossa *Constituição* ou o *Código de Defesa do Consumidor.*

No que tange à escrita, a situação não é muito diferente. A limitação observada em relação às opções de leitura é a mesma. Escreve-se somente o necessário. Não só isso, ao contrário da leitura que é cada vez mais experimentada em sua diversidade, a escrita sofre simplificações cada vez mais significativas, uma vez que se trata de uma comunicação que requer tempo e reflexão para ser produzida. Por que escrever uma carta, se no *e-mail* podemos ser sucintos, breves e rápidos e, além disso, não há o desnecessário deslocamento até os Correios?

Nesse sentido, a tecnologia ainda pode agravar a situação com o já instituído "recortar/colar", que permite um trabalho (texto) ser entregue sem ter sido feito. Mas, para não assumir uma postura um tanto tendenciosa, apontando as mazelas da tecnologia, é importante destacar a prática dos modelos de redação voltados para os vestibulares: textos perfeitos que não dizem nada.

E "dizer algo" é a essência da escrita. Sua importância reside na própria concepção de sujeito como aquele que se projeta significativamente no espaço comunicativo de sua comunidade. Escrever é tecer um texto, articulando frases, mas é, também, elaborar discursos, formulando enunciados. Daí ser uma ação que se revela dialógica, uma vez que reflete a percepção e a compreensão do mundo que estará, então, presente nesta leitura que se manifesta na escrita. Todo texto é o registro da leitura de mundo desenvolvida por um sujeito.

Sendo assim, quando nossos alunos mostram-se tão contrafeitos à escrita, é um sinal de alerta, pois eles não estão se percebendo naquilo que escrevem ou, pior, não percebem que, escrevendo, imprimem sua marca na realidade: fazem uma inscrição no mundo. Mas também é bom salientar que essa indisposição à produção escrita varia conforme a maturidade do educando. Ainda mais quando um determinado aluno (ou turma) mostra-se bastante comunicativo oralmente, capaz de formular pontos de vista e argumentos críticos acerca de um tema.

Cabe a nós, professores de língua materna, não apenas incentivar ou motivar para a escrita, mas principalmente **ressignificar** a escrita para os alunos. As crianças e jovens sob nossa responsabilidade precisam compreender a língua escrita (e isso serve para a modalidade oral) como um instrumento de poder, capaz de transformar um indivíduo em cidadão por meio desse domínio do simbólico que caracteriza a competência linguística.

Algo sempre questionável é o quanto existe de contextualização no processo de motivação para a leitura e a escrita em nossas aulas. Por exemplo, discutimos com nossos alunos sobre isto: Quem não sabe ler e escrever bem não consegue bons empregos?

1.3 O escritor, o texto, o leitor

Seria possível simplificar a questão e definir o escritor como o emissor, o leitor como o receptor e o texto como a mensagem. Porém, essa percepção confortável não dá conta da profundidade e da complexidade da relação entre escritor e leitor. E o que dizer do texto que, muito além de uma mensagem, corresponde a uma instância enunciativa, na qual discursos se entrecruzam em uma infinidade de possibilidades comunicativas? Definitivamente, precisamos refletir a partir de outra base: o **dialogismo**.

Mikhail Bakhtin pensou essa relação entre o ser que produz uma enunciação e outro que a recebe como algo essencial e intrínseco à própria linguagem. Pressupondo diálogo como troca, não há, portanto, uma atitude passiva do ouvinte diante do falante, tampouco do leitor diante do escritor. Nas palavras de Bakhtin (1997, p. 147): "aquele que apreende a enunciação de outrem não é um ser mudo, privado da palavra, mas ao contrário um ser cheio de palavras interiores".

Vamos pensar em um exemplo! A leitura de *Chapeuzinho Vermelho* feita por uma criança difere da realizada por um adulto; a leitura desse adulto difere daquela realizada por nós, professores. A leitura dos professores difere daquela realizada por professores que leram *A psicanálise dos contos de fadas*, de Bruno Bettelheim (1985). O texto é o mesmo, mas os leitores são diferentes, e diferentes são "as palavras interiores" que cada um deles tem.

E aqui convém pensar que os sentidos de um texto são acessados a partir daquilo que o leitor consegue lhe atribuir de significações. Os signos são os mesmos, mas os significados ampliam-se conforme a amplitude de registro do leitor que acessa o texto. Você já deve ter experimentado uma sensação muito interessante ao reler um texto depois de anos após o primeiro contato: pode ter percebido elementos antes invisíveis ao seu olhar ou ter se decepcionado com um personagem antes apaixonante, ou ainda aprendido a valorizar aquele texto que era objeto de repulsa.

Mas nem sempre aquilo que, em um texto, recebeu significação pelo leitor foi, intencionalmente, posto no texto pelo escritor, ainda mais em se tratando de textos literários, nos quais muito do inconsciente e do subconsciente do escritor presentificam-se, conforme apontou o psicanalista Sigmund Freud em seus escritos acerca do fazer artístico.

Outra situação interessante é um discurso político; nós sabemos o quanto se pode perceber de informação por meio, por exemplo, dos recursos de ênfase usados por um político no momento de um discurso.

Escritor e leitor são, por conseguinte, identidades opostas que encontram no texto um território de mediação para o processo de significação que cada um desenvolve com a participação do outro.

Nesse sentido, o da relação entre escritor e leitor, é preciso que nós, os professores, nos questionemos sobre as atividades que propomos aos nossos alunos. Elas possibilitam de fato a relação dialógica? Quando solicitamos que eles escrevam um outro final para uma história lida, essa atividade trabalha com a relação dialógica entre escritor e leitor?

1.3.1 A aquisição da escrita

É impossível pensar na aquisição da escrita sem discutir o papel do adulto diante da criança. O adulto é o mediador entre ela e o mundo. No que concerne à escrita, é o adulto que domina o código diante da criança que não o domina, ainda. E, em se tratando de literatura, é o adulto quem escreve para a criança. Então, já podemos perguntar: **De quem é o desafio diante da aquisição da escrita?**

No prefácio da obra *O estranho mundo que se mostra às crianças*, de Abramovich (1983), Samir Curi Meserani faz uma deliciosa leitura dessa relação entre adulto e criança diante do mundo, de cujo texto é o excerto a seguir:

> *A gente adora criança. Tudo bem, embora eu nunca tenha ouvido uma criança dizer, assim indiscriminadamente, 'adoro gente grande'. Nessa adoração perigam inadequações na dosagem, com a mão adulta pesando ou na infantilização da puerícia ou na sua adulteração, seu crescimento precoce. Da síndrome de Peter Pan, a tal infância feliz e eterna, passa-se para a miniaturização* kitsch *do mundo adulto. Nesta, já não aguento ver pequenas bailarinas 'clássicas' tropeçando no palco para*

fazer uma morte do cisne ou do marreco a fim de alegrar a vida da mamãe e da professora. E os meninos com bigode postiço, representando envergonhados o noivo da festa caipira? Gracinhas... Mas para quem? No fim a gente acaba desculpando a família que vive sua trôpega história sem ter ao menos uma assessoria técnica.

Da crônica de família para a crítica das produções culturais a coisa muda do artesanato para a indústria. (Meserani, citado por Abramovich, 1983, p. 9)

E, de certo modo, a escola funciona como uma indústria à medida que trabalha essencialmente com produções culturais de toda ordem. Porém, essa discussão será mais bem explorada no próximo capítulo. O que nos interessa aqui é que o professor dimensione a posição da criança diante do adulto, uma vez que este detém o poder no que se refere à apreensão do mundo e da linguagem.

Foi natural, portanto, que se pensasse a escola como o espaço onde a criança, pela ação integral do professor, aprenderia a ler e a escrever. Essa concepção da aquisição da escrita, tida hoje como tradicional, foi sustentada e disseminada por metodologias que enfatizavam o caráter passivo da criança diante do adulto professor que, por sua vez, era considerado o detentor dos bens culturais – do saber – cuja função maior era a de ensinar. É claro que nos referimos aqui a toda a concepção bancária da educação que priorizava conteúdos em detrimento de todo um conjunto de saberes e competências que, ora, compõem o fazer pedagógico.

Não é nossa intenção enumerar os pensadores responsáveis pela transformação do pensamento tradicional descrito no parágrafo anterior, uma vez que isso é objeto de estudo de outras disciplinas. Porém, não podemos deixar de nos referir a Piaget e a Vygotsky, principais representantes do construtivismo. Suas investigações do aparato cognitivo e das funções cognitivas envolvidas na apropriação do código linguístico promoveram um consistente repensar do papel da criança na relação ensino-aprendizagem, especialmente, no processo de aquisição da língua escrita.

Dentre muitos discípulos desses dois grandes mestres, queremos destacar Emília Ferreiro como o de maior interesse neste momento de nossas reflexões. O nome dispensa maiores apresentações. Em seu livro *Psicogênese da língua escrita*, a pesquisadora revolucionou o espaço acadêmico sem nem ao menos criar um método de alfabetização. Seu pensamento surpreendeu pelo fato de enfocar a questão da escrita como uma representação do real – não uma cópia de caracteres –, e da leitura como uma apreensão do real – não uma decifração do código.

A criança elabora, segundo Ferreiro e Teberosky, hipóteses a partir das quais ela reconstrói a língua escrita, superando os conflitos gerados durante suas tentativas de relacionar letras e fonemas. Isso aponta para o fato de que a criança não necessita de um alfabetizador, posto que é ela que se alfabetiza. Sua necessidade é a de um ambiente letrado que permita a construção das hipóteses que a façam passar pelas fases que a conduzem à escrita alfabética. E quem cria esse ambiente é o adulto – pai, professores, entre outros (Ferreiro; Teberosky, 1986).

Retomando a fala de Meserani (citado por Abramovich, 1983, p. 9), é por isso que as discussões acerca da idade em que uma criança "deve ser alfabetizada" apresentam em si uma grave distorção epistemológica, uma vez que já sabemos que crianças de sociedades letradas, que participam de ambientes letrados, precisam ter seus questionamentos atendidos para solucionarem suas hipóteses. A presença do professor é indispensável, não como condutor do processo, mas como aliado, observador e provocador do confronto com as hipóteses. Não é à toa que pensadores, dentre eles Rudolf Steiner*, afirmaram que a criança só dever ser formalmente apresentada à escrita aos 7 anos – idade em que,

* Criador da Antroposofia e da Pedagogia Waldorf.

evidentemente, já teria chegado à fase da escrita alfabética, conforme concluem Ferreiro e Teberosky (1986).

É claro que há diferenças quando a criança vive em um ambiente carente. Em suas pesquisas, Ferreiro, em parceria com Ana Teberosky, pôde observar que crianças com limitado acesso a ambientes letrados demoravam mais a perceber que só se pode ler aquilo que tem letras. Nesse caso, o papel do professor é mais efetivo quanto à condução dessa criança ao **letramento** – e na sequência à **alfabetização** –, por vezes jamais experimentado até o momento de ingresso na escola, na idade obrigatória por lei (Ferreiro; Teberosky, 1986).

E podemos considerar, sem sombra de dúvidas, a Pedagogia da Autonomia, de Paulo Freire, um eco perfeito da Pedagogia do Oprimido, sendo esta responsável pela alfabetização "significativa" de jovens, adultos e idosos que se encontravam na condição de exclusão. Em ambos os casos, Freire valoriza a participação do aluno no processo de alfabetização, reforçando o pensamento contemporâneo de que o indivíduo é ativo, e não passivo, na aquisição da língua escrita.

Sob essa perspectiva, é natural que algumas questões se instaurem, dentre elas: Seriam tradicionais os métodos de alfabetização que organizam o processo partindo das vogais até atingir os dígrafos? Aliás, você já teve a oportunidade de observar diferentes métodos de alfabetização?

Você deve ter percebido que usamos constantemente o termo *letramento* de maneira distinta de alfabetização. Ainda que ele não seja uma criação recente, julgamos pertinente caracterizar melhor cada um desses conceitos, atualmente tão explorados nos debates acadêmicos.

Alfabetização e letramento

Como vimos no item anterior, *alfabetização* e *letramento* são termos distintos, ainda que não sejam processos distintos. Ambos guardam estreita relação com a temática da aquisição da escrita. Como ambos têm sido objeto de polêmicas até mesmo na mídia, convém demarcar seus territórios, não sem antes esclarecer algumas outras questões.

Seja em países desenvolvidos ou em outros nem tanto, estudiosos e governos observaram que extinguir o analfabetismo não foi, nem seria, a solução dos problemas educacionais. Por meio de diferentes fontes, verificou-se que um número expressivo de indivíduos alfabetizados não conseguiam praticar a leitura e a escrita conforme as necessidades de nossa sociedade letrada. Isso se constituiu em uma categoria que foi denominada pela Unesco, na década de 1970, de *analfabetismo funcional* e que, atualmente, é chamada de *iletrismo*, ou seja, o oposto de letramento.

Não queremos reduzir a questão a um lugar-comum terminológico. Isso seria improdutivo. Acreditamos que o que importa é que o letramento diz respeito à dimensão sócio-histórica da alfabetização, ao passo que esta se concentra nos aspectos formais da aquisição da escrita, independentemente de tal processo ser compreendido finito ou não.

Sendo assim, é possível um analfabeto ser letrado, como nos aponta Magda Soares (2000), desde que se demonstre apto a se comunicar de diferentes maneiras e em diferentes contextos. Se esse indivíduo analfabeto sabe deixar um recado em uma secretária eletrônica, consegue pedir informações ou elaborar um texto epistolar, oralmente, ditando-o a alguém que exerça a função de mero "escriba", ele exemplifica, perfeitamente, o que é ser dotado de letramento.

O mesmo ocorreria – ainda de acordo com Soares – com a criança não alfabetizada que simula a leitura porque já sabe, de antemão, como se lê, isto é, como as pessoas se comportam diante do texto escrito.

Mas há o letramento referente ao uso que se faz da linguagem escrita uma vez que se esteja alfabetizado. Seria o caso do indivíduo que consegue seguir a receita de um livro de culinária, que instala um equipamento eletrônico seguindo as instruções presentes no respectivo manual ou que sabe pesquisar em uma biblioteca.

Então, fica evidente que, assim como há gradações no domínio formal da língua escrita, também o há no letramento, demonstrando que são processos correlatos e de uma certa forma interdependentes: se o indivíduo já está alfabetizado, seu letramento é melhor e mais rapidamente desenvolvido; se o indivíduo está em letramento, sua alfabetização acontece com mais rapidez e eficiência.

Ora, se são processos interdependentes, é possível alfabetizar letrando?

O ato de escrever

Nos itens anteriores, abordamos de diferentes maneiras aspectos envolvidos no ato de escrever. Mas o conceito de letramento faz com que vejamos a escrita com o devido reconhecimento de sua importância em se considerando o estilo de vida contemporâneo e, igualmente, o fator "subjetividade".

Pesquisadores da linguística (seguidores da análise do discurso, ou não) vêm propondo há décadas discussões acerca da subjetividade presente na linguagem. O próprio conceito de enunciação e a compreensão do texto como instância enunciativa – e, consequentemente, um discurso – apontam em tal direção. Nessa perspectiva, o ato de escrever é tido como enunciação, ou seja, de construção de um discurso.

Como você percebe, professor, estamos discutindo algo além do caráter informativo de um texto. Esse caráter não deixa de existir e continua sendo exposto ao leitor com a devida clareza. Ao abordarmos o ato de escrever como um fazer marcado pela subjetividade, compreendemos essa produção dotada de ideologia, intencionalidade, enfim, marcas sócio-históricas que definem o destinador e o destinatário do texto.

Por conseguinte, assim como ocorre no ato de falar, o ato de escrever é essencialmente argumentativo, característica esta que age como determinante do sentido de um texto, que, indicará, por sua vez, a compreensão dele como ente discursivo. Conforme elucida Ingedore Koch (2000, p. 33):

> *As relações que se estabelecem entre o enunciado e a enunciação possuem caráter pragmático, 'paralógico' ou ideológico (em sentido amplo), visto que, por representar-se a si mesma de uma certa forma, a linguagem possui uma lógica própria e caracteriza-se, acima de tudo, pela argumentatividade.*

O ato de escrever, portanto, supõe a articulação de estruturas pertinentes a duas ordens – comunicativa e argumentativa – para que um texto se configure como tal. E são essas articulações que definem gêneros, tipologias e modalidades, além de outras especificidades que abordaremos no próximo item.

> Em relação ao que discutimos até aqui, podemos e devemos nos questionar sobre a importância, considerando as abordagens apresentadas, do fato de um texto permitir múltiplas interpretações ou, ainda, do pressuposto de que cada leitor acessa o nível textual correlato aos seus referenciais argumentativos. E também se isso corresponde à realidade.

1.3.2 O texto

Existem muitas e diferentes definições de texto. Não pretendemos apresentar outra que já não seja de seu conhecimento e domínio. Sim, pretendemos trabalhar com o sentido geral de texto dado por Koch (2000, p. 33), isto é, de corresponder a toda produção textual humana que envolva um sistema de signos. Também optamos pelo que a mesma pesquisadora define como um sentido estrito de texto, qual seja, o de "qualquer passagem, falada ou escrita, capaz de formar um todo significativo, independente de sua extensão" (Koch, 2000, p. 22).

Essas concepções conseguem dar conta das novas produções oportunizadas pela evolução das tecnologias da comunicação, assim como abrangem o caráter semiótico do texto, tão importante no que tange à cultura imagética predominante no mundo contemporâneo, em especial nos espaços urbanos, nos quais signos de códigos vários estão mesclados e constituem uma comunicação não verbal extremamente poderosa.

Cabe, então, uma observação: o caráter semiótico refere-se às infinitas possibilidades de desdobramentos de um signo, de modo a que até mesmo a disposição das palavras na folha pode se tornar um signo passível de significação. Um exemplo de produção que considerou fortemente a perspectiva semiótica de signo foi a poesia concreta, de Augusto de Campos, Décio Pignatari e Haroldo de Campos (2006), com sua linguagem verbi-voco-visual. É claro que este comentário é extremamente breve e caso haja interesse, indicamos as obras de Winfried Nöth (1996), semioticista por excelência.

Acompanhe-nos, então, nas reflexões acerca de certas especificidades do texto, enumeradas nos itens subsequentes.

Os componentes visuais do texto

É comum pensarmos que componentes visuais do texto seriam imagens – fotos, ilustrações ou gráficos – que complementam a informação apresentada por um determinado texto escrito. É isso também. Esse tipo de componentes facilita a compreensão e torna o texto atrativo e também, como afirma Mary Lee Field (2004, p. 4):

> *Influencia a nossa decisão de ler ou não um determinado texto; ativa o nosso conhecimento anterior sobre um certo assunto; leva-nos a formular uma previsão sobre as informações que serão apresentadas; organiza um conjunto de ideias, esclarece um conceito ou confirma a nossa compreensão da ideia principal.*

Em uma época de ênfase extrema na visualidade, esse tipo de recurso é eficaz na medida em que atende às exigências do leitor acostumado e afeito à rapidez comunicativa proporcionada pelas imagens.

É importante para os alunos que sejam discutidas as relações entre imagem e texto, para que eles percebam de que maneiras uma linguagem colabora com outra, reforçando a comunicação pretendida. Cartazes de filmes cinematográficos e peças publicitárias presentes em revistas são ótimo instrumento para que análises coletivas sejam desenvolvidas em sala de aula.

Será que os alunos já perceberam o quanto de informação de uma novela (personagens, enredo, contexto etc.) existe na abertura? Uma produção que visa a informar o telespectador um certo volume de informações técnicas pode revelar, por exemplo, desde o primeiro dia, que personagens estarão presentes no clímax da novela.

Em uma outra direção, a composição gráfica das páginas de jornal ou de revista revelam muito dos objetivos do respectivo veículo de informação. Vale fazer com que os alunos investiguem publicações sensacionalistas e as comparem com outras de cunho informativo. Até mesmo o tipo de letras escolhido para uma primeira página de jornal, para a capa de um livro ou para o logotipo de uma empresa são objetos de estudo, pois apontam intencionalidades implícitas, amplamente utilizadas pelos profissionais responsáveis pela criação e pela elaboração de tais produções.

Imaginem o que pode ser percebido em uma embalagem de brinquedo... Pensem na distinção entre produtos originais e imitações por meio delas. Há investigações para todas as faixas etárias.

Enfim, há uma infinidade de propostas e ricas possibilidades de discussão acerca desse território tão pouco explorado. Haja vista a função do *lead* para uma reportagem, de uma sinopse presente na capa de um DVD para o filme ou de um resumo para um artigo científico.

Considerando todos esses aspectos, vistos neste capítulo, várias colocações se fazem presentes, no que se refere à extensão de possibilidades de interações entre o aprendizado da leitura e da escrita e os novos contextos, novos elementos antes ignorados. Por exemplo, o uso do *WordArt* – ou de outros recursos semelhantes – na elaboração da capa de uma atividade de pesquisa pode ou não servir de objeto de discussões com os alunos? Você já havia considerado tal possibilidade?

Os diversos tipos de texto

Nós, professores de Língua Portuguesa, temos assistido a inúmeras transformações quanto às concepções relativas ao nosso objeto de trabalho. Os estudos linguísticos trouxeram consistentes interrogações, e as abordagens sociointeracionista e pragmática colaboraram no sentido de ampliar a nossa visão daquilo que seria um texto e, consequentemente, do trabalho desenvolvido com o texto em sala de aula.

Essas mudanças, no entanto, não trouxeram estabilidade e harmonia para a nossa atividade. Muito ao contrário, exigem mais reflexão e uma ação mais consciente de nosso papel social como professores de língua materna. Não basta ensinar apenas gramática porque ninguém está mais satisfeito com isso, ainda mais se for uma extensa e cansativa lista de regras e de exceções.

É nesse ponto que a percepção de tipos e gêneros textuais surge como uma forma de dinamizar nossa prática, contextualizando-a em relação às diferenças sociais e culturais de nosso país e do mundo contemporâneo. É uma proposta ousada porque desloca o centro da gramática para o texto, ou seja, do objeto para o que fazemos com ele.

No caso dos tipos de texto, autores como Werlich, Marcuschi e Travaglia – dentre vários outros – apontam para tudo aquilo que, linguisticamente, determina um texto. Nessa concepção, referem-se àquilo que os textos guardam na natureza de sua produção. Marcuschi (1972, p. 22) compreende os tipos como "uma espécie de sequência teoricamente definida pela natureza linguística de sua composição (aspectos lexicais, sintáticos, tempos verbais, relações lógicas)".

Vamos tomar, por exemplo, a narração. Quando alguém diz que vai contar uma história, já sabemos a que tipo de texto teremos acesso por conta justamente dessa propriedade intrínseca que se poderia chamar de *natureza narrativa de um texto*. Adotamos, inclusive, uma atitude receptiva de quem vai ficar durante algum tempo ouvindo (ou lendo) algo que aconteceu com alguém em algum lugar em um determinado tempo.

E como se trata de uma compreensão da linguagem, isto é, da ordem da produção de enunciação, narrar é escrito, mas é manifestado na oralidade ou em outros sistemas semióticos.

O mesmo ocorre quanto aos outros tipos, quais sejam: descrição, exposição, argumentação e injunção. Por isso é preciso compreendê-los em sua articulação com os **gêneros textuais**, para perceber a realização de um no outro. Afinal, é possível descrever em um *e-mail*, em um telefonema, em um romance. Vale pensar, por exemplo, que uma determinada experiência científica precisa ser descrita para ser compreendida e legitimada, ainda que seja aquela – desenvolvida com alunos do ensino fundamental – em que o ovo chega inteiro ao interior de uma garrafa quando sob efeito da pressão.

Você costuma trazer para a sala de aula textos divulgados no seu meio para trabalhar com os alunos? Sendo sim ou não sua resposta, uma opção interessante é realizar a análise de anúncios publicitários, a elaboração e a troca de receitas culinárias ou, ainda, a apresentação à turma de um relatório de visitação a uma feira livre. Dessas atividades, qual você considera mais adequada para explorar o tipo injuntivo de texto?

Gêneros textuais

A tônica do trabalho de língua portuguesa está, hoje, nos **gêneros textuais**. Isso se deve, basicamente, à quebra da concepção canônica acerca das produções textuais que "poderiam" ser estudadas na escola a título de exemplos do "bem escrever" aos alunos. Nesse caso, temos a confluência do conceito de letramento e da concepção pragmática, já que as produções textuais variam conforme as demandas sociais. Se um indivíduo frequenta muitos ambientes marcados pelo letramento, ele precisará dominar os gêneros utilizados por tais ambientações.

Em se tratando de competência linguística, então, é o estudo dos gêneros que permitirá um maior número de possibilidades comunicativas. Daí ser importante compreender tais gêneros como resultantes de demandas de nossa sociedade letrada. É bom mostrar aos alunos como a fala dos jogadores de futebol muda à proporção que eles se profissionalizam, jogam em determinados times e até têm experiências em outros países. Alguns deles são observados na função de comentaristas esportivos – em rádio ou televisão –, mantendo seu contato com o esporte ainda que já estejam aposentados. E, não é só isso, assistir a um programa televisivo inteiro que contemple diferentes modalidades esportivas oferece oportunidades especiais de observar todo o conjunto comunicativo de esportistas. Enfim, toda uma sociologia do esporte é percebida via perfil comunicativo de seus praticantes. No caso dos jovens brasileiros, é válido propor atividades que contemplem a prática de outras modalidades esportivas além do futebol.

Exemplificando

Você pode, entre outras atividades, sugerir que seus alunos escolham um esporte e narrem um momento da partida ou que imaginem que são cronistas esportivos e têm uma coluna em um jornal, para o qual devem redigir o comentário da partida ocorrida no final de semana, em que os times X e Y disputaram a final do campeonato de basquete, vôlei, futebol etc.

Essa gama de possibilidades de leituras faz parte da formação do leitor e, no caso do texto escrito, não pode se restringir ao seu caráter interpretativo. É preciso que o aluno reconheça as diferenças sintáticas, o nível de linguagem, a necessidade de maior ou menor objetividade e até a maneira como o texto é visualmente produzido e organizado a partir de acordos comunicativos – a ABNT, por exemplo.

Mas é claro que isso requer uma gradação conforme a maturidade linguística dos alunos. Marcuschi (1972, p. 22), entre outros, aponta para essa necessidade, inclusive, de partir do menos formal para o texto mais formal. E nós, que estamos lidando com alunos de ciclos diferentes, sabemos que esse é o melhor encaminhamento, uma vez que o grau de abstração e o próprio aparato cognitivo de alunos do ensino médio, por exemplo, permitem explorar as sutilezas metafóricas e metonímicas de tiras e *charges*. Assim, explorar o contexto indicado pelos quadrinhos, o mesmo que teria colaborado na ironia presente na fala de um dado personagem, pode ser uma atividade comum a diferentes níveis; variam os quadrinhos – de *Turma da Mônica*, de Maurício de Souza, a personagens da Marvel.

Uma outra questão relativa aos gêneros textuais diz respeito a tecnologias da comunicação. O acesso à internet ou à comunicação informatizada cresce a cada dia por meio de programas de inclusão digital espalhados pelo país de forma que muitas comunidades carentes ou afastadas de grandes centros urbanos contam com um acesso – ainda que mínimo – a esse tipo de tecnologia. Nada mais natural, portanto, que os alunos conheçam a linguagem própria de um *e-mail*, aprendendo a solicitar serviços ou a acessar formulários via computador. É uma linguagem que se manifesta por meio de múltiplas possibilidades textuais que precisam ser conhecidas e exercitadas como gêneros textuais da contemporaneidade.

Nossa vontade é prosseguir aprofundando essas ideias, porém isso será feito no item relativo a hipertexto.

Acreditamos, no entanto, que a maior problemática com relação ao trabalho com tipos e gêneros textuais é o material didático disponível para o público de ensino fundamental e médio. Vamos enfocar um caso: apesar de as *Orientações Curriculares para o Ensino Médio* serem claras quanto ao trabalho por essa perspectiva, há materiais enfocando, separadamente, por capítulos de material apostilado, a sequência descrição – narração – argumentação. Algo não muito diferente ocorre no ensino fundamental. Esse tipo de proposta de trabalho, além de distanciada da produção linguístico-textual dos alunos, ainda passa uma ideia de gradação bastante equivocada como se, somente depois de "aprender" a descrever e a narrar, fosse possível argumentar. Ora, nós já vimos que a argumentação é inerente à linguagem; basta observar a capacidade argumentativa de crianças ainda não alfabetizadas, quando desejam um brinquedo ou doce, mas precisam convencer os pais.

Por conseguinte, nós precisamos traçar rotas alternativas para o trabalho acontecer com esse tipo de material, de modo que a qualidade do trabalho com os gêneros seja atingida a contento. Criatividade, bom senso e disposição.

"[...] a construção dos gêneros valorizados da escrita está assentada nos gêneros da oralidade" (Kleiman, 2000).
Na sua visão, professor, esse comentário pode, ou não, comprometer a qualidade da produção escrita dos alunos?

Texto e contexto

Dando prosseguimento ao que vimos nos itens anteriores, a relação entre texto e contexto enriquece e amplia o trabalho com o texto. Se pensarmos em produções textuais escritas, o entendimento de texto como instância enunciativa exige, por sua vez, o entendimento de contexto como o que Marcuschi (1972, p. 24) chama de *domínio discursivo*, definido, pelo autor, como "as grandes esferas da atividade humana em que os textos circulam".

Sendo assim, o contexto se refere a uma área do conhecimento em que determinado gênero foi produzido. Há gêneros criados a partir de contextos específicos, como acontece com algumas peças publicitárias e jornalísticas (*leads*, *spots* e *jingles* – em inglês, para reforçar a especificidade da área de comunicação que, na prática, utiliza tal terminologia) ou, ainda, uma variedade considerável de produções jurídicas.

Pensar em uma prática que localize e discuta o contexto prepara o aluno para uma circulação mais efetiva entre os gêneros textuais e os ambientes de letramento diferentes. Como forma de efetiva aplicação dessa prática, você pode pensar em uma atividade como a apresentada na Figura 1.1.

Figura 1.1 – A árvore temática

Observe a elaboração da árvore a seguir e complete a outra com suas ideias.

Outra proposta bastante interessante diz respeito à adequação de um texto ao contexto linguístico que lhe seja próprio.

Exemplificando (atividade em grupo)

Outra atividade com o objetivo de exercitar essa prática é possível quando você (professor) apresenta aos seus alunos frases com as quais eles devem montar uma breve encenação (esquete) em que elas se ajustem perfeitamente (a frase deverá ser

falada em meio a um diálogo ou monólogo). Os tipos de frases podem ser como as que relacionamos a seguir.
Frase 1: O dólar caiu em relação ao euro, causando uma agitação nas Bolsas de todo o mundo.
Frase 2: Eu queria muito deixar um recado pra ela me ligar assim que chegar em casa. A senhora pode anotar?
Frase 3: Com licença, não tenho certeza de estar na fila certa. Eu consigo pagar isso aqui?
Nessa atividade, podemos fixar um tempo mínimo de cinco minutos para cada equipe, garantindo a elaboração de um texto e de sua respectiva encenação que garantam a identificação do contexto.

Esse tipo de atividade é muito rica e promove a vivência da multimodalidade, isto é, a confluência de experiências comunicativas em uma única proposta de trabalho. Também os alunos poderão explorar os diferentes níveis de linguagem conforme os contextos comunicativos.

Acreditamos que igualmente importantes são atividades como a "tromba d'água". Funciona como um *brainstorm*, só que o professor faz a indicação do contexto que delimitará, naturalmente, o campo semântico. "Chovem palavras em um único contexto". O mais interessante é explorar a mesma palavra em contextos diferentes, para desenvolver a ampliação de vocabulário e a coerência semântica. Desse modo, a palavra *polícia*, no contexto da **segurança pública**, produzirá um campo semântico X; mas, no contexto da **ética**, produzirá um campo semântico Y. Você pode acompanhar, professor, e constatar que essas atividades relativas ao contexto servem bem ao propósito de preparatórios para a escrita de um texto.

Fazendo isso, o aluno estabelece relações significativas dentro de um contexto, permitindo, também, que a coesão de raciocínio seja preparada antes da elaboração de um texto, construindo um roteiro de apresentação oral ou de uma composição escrita.

Enfim, há muitas possibilidades de enriquecimento desta abordagem do contexto. Vale a nossa criatividade e a adequação ao perfil da turma com que trabalhamos.

A intertextualidade

A intertextualidade, então, pode ser compreendida como "um fenômeno constitutivo da produção do sentido e pode-se dar entre textos expressos por diferentes linguagens" (Silva, 2002). Essa perspectiva se enquadra no objetivo maior de formação de leitores e escritores, na medida em que dialoga com a proposta de letramento.

A presença de outras vozes em nossos textos é, portanto, uma possibilidade de enriquecimento da produção escrita; e a identificação do fenômeno em diversos gêneros demanda o contato com uma variedade de linguagens. É a própria concepção da comunicação como um acontecimento semiótico e não isolado de outros sistemas sígnicos.

Assim, é possível perceber a intertextualidade quando são feitas referências a ditados populares, clichês ou outras frases. Um exemplo foi o uso dado à frase "Eu não sou ministro. Eu estou ministro", do então ministro da Educação, Eduardo Portella. Muitos outros profissionais dela se apropriaram, parafraseando-a. A paráfrase, aliás, é uma das melhores possibilidades de se concretizar a intertextualidade, mas devido à complexidade do procedimento, ela exige certa maturidade do aluno. Em trabalhos acadêmicos, principalmente, como aqueles que são desenvolvidos já no ensino médio, são utilizadas até mesmo para que os alunos aprendam como se faz uma pesquisa sem fazer a cópia literal do material.

Podem ser elaboradas intertextualidades criativas a partir de poemas, com o mesmo princípio paródico desenvolvido com *A canção do exílio*, de Gonçalves Dias. As diversas releituras desses poemas nos valeram obras de fantástico valor artístico.

Seja de que forma e utilizando que referenciais, a intertextualidade promove um enriquecimento cultural mediante o cruzamento de textos de maneira criativa.

A criatividade pode ser oportunizada pelo professor por meio de atividades, inclusive em dupla, como, por exemplo, solicitar que, com base na leitura de um conto de fadas ou fábula (de Esopo ou La Fontaine), os alunos reescrevam a história, alterando seus personagens e suas falas. O enredo original deve ser preservado ao máximo.

Outra possibilidade bastante rica é o trabalho com versões de clássicos para filmes de animação. O acesso maior é a obras da Disney e da Pixar, mas já são suficientes para discutir a intertextualidade em grande estilo com os alunos. Imagine, professor, que interessante observar a intertextualidade proporcionada pela figura do Gato de Botas do filme *Shrek*.

> Pensando na questão da representação, você diria que intertextualidade é arte?

O hipertexto

Se acompanharmos a história humana, verificaremos que a cada invenção o mundo se transformava. No âmbito das comunicações, isso ocorreu de forma devastadora a partir de fins do século XIX – ao pensarmos na aceleração com que as descobertas foram surgindo. Porém, de todas as invenções do período supracitado, coube àquelas relativas à informatização o papel de maior relevância. Ainda mais se pensarmos na internet e na maneira com que ela revolucionou os modos de comunicação a distância.

No que tange aos aspectos linguísticos envolvidos nessas transformações, o hipertexto guarda uma interessante caracterização: o hibridismo[*].

* A presença do ícone indica a inclusão do termo em questão no Glossário, ao final da obra.

Segundo Marcuschi (1972), mesclam-se nesses gêneros a oralidade e a escrita, o que dificulta o estudo dos mesmos sob bases maniqueisticamente estruturadas.

Mas o linguista David Crystal, citado por Teixeira (2007), no *Jornal do Brasil*, descreve o quadro de uma maneira bastante elucidativa. Em entrevista concedida recentemente, ele afirmou que

> *Em cinquenta [sic] ou 100 anos, todas as línguas que utilizam a internet serão diferentes. Está surgindo o que chamo de* netspeak, *'fala da rede', ou comunicação mediada pelo computador, em jargão acadêmico. Ainda é impossível prever, no entanto, quais serão a forma e a extensão dessa mudança. Leva muito tempo para que uma transformação efetiva se manifeste numa língua.*

Mas o pesquisador aponta para um fenômeno interessante que vem sendo observado. O aumento da faixa etária dos usuários tem levado à "rede" uma linguagem mais elaborada e relativamente mais culta, ou seja, talvez as línguas não estejam sendo tão ameaçadas quanto possa parecer.

E, realmente, se navegarmos por aí, encontraremos na maior parte dos *sites* o registro tradicional de textos, sem qualquer elaboração tecnológica. São, eventualmente, livros eletrônicos, escritos como livros comuns. Há, apenas, a utilização da tecnologia, não a ruptura efetiva com as estruturas de linearidade.

Verdade seja dita que *sites* de ciberarte e ciberpoesia são construídos por meio de programas que imprimem uma efetiva concepção semiótica do código. A revista *Cronópios* e o *site* da escritora Ângela Lago, este de literatura infantil, são exemplos fantásticos – são esteticamente e teoricamente hipertextos. Guardam as características essenciais desse tipo de produção: o conceito de "nó" e a propriedade de "ligação" (*links*), bem como as diferentes possibilidades de navegação não linear.

O hipertexto, essencialmente, é constituído de ligações que chegam a nós. É isso que confere a real anulação da relação espaço-temporal como a concebemos cartesianamente. Pierre Lévy (1993), aliás, define seis princípios do hipertexto, quais sejam:

a. *metamorfose*: a rede está em constante transformação, apresentando superficialmente a ideia de estabilidade;
b. *heterogeneidade*: refere-se à correlação de múltiplas semioses, sistemas e programas na rede;
c. *multiplicidade de encaixe das escalas*: este princípio guarda em si o conceito de signo conforme o entende Pierre Lévy, algo como um desdobrar de signos em outros signos, de modo que o elemento menor é exatamente correspondente ao maior – como em um fractal;
d. *exterioridade*: a rede hipertextual depende da ação exterior para se transformar, ampliar ou reduzir;
e. *topologia*: a partir da ideia do "nó", este princípio indica a proximidade de significações como responsável pelas ligações – tudo é significação (signo) na rede, mas os semelhantes se atraem, tornando-se instantaneamente próximos;
f. *acentrismo*: como os centros (nós) são móveis e vários, não há um único nó que represente a fonte única de toda a rede.

Com esses princípios, Lévy (1993) consegue caracterizar a maneira como o conhecimento é construído na rede – e em rede.

Vale ressaltar a pesquisa desenvolvida pela semioticista Lucia Santaella, que, em seu texto *A leitura fora do livro*, polemiza afirmando que as mudanças tecnológicas interferem no aparato visual em si. Assim, nosso desafio diante da juventude que está sendo alfabetizada e/ou já lê mais hipertextos do que textos convencionais (impressos ou pelo computador) residiria, também, na dificuldade que essas pessoas teriam de fixar a visão no material estático. Interessante, não? Disponibilizaremos o endereço nas referências bibliográficas, para que esse texto seja acessado pelos interessados (Santaella, 1998).

Seja como for, o hipertexto sustenta a capacidade dialógica da linguagem, além de possibilitar a ampliação semiótica da comunicação via os recursos tecnológicos ofertados pelos programas de computação. Só que as transformações não findaram, como afirma Crystal (citado por Teixeira, 2007), e não sabemos exatamente até onde o hipertexto nos levará.

Aliás, esse é um fenômeno que podemos avaliar a partir da percepção de nossas experiências pessoais. Afinal, qual é a concepção que temos dessa realidade que a tecnologia colocou à nossa disposição? Caso você nunca tenha lido sobre isso, existe essa curiosidade em você? Mas se você é daqueles(as) que já pratica esse tipo de leitura, quando lê um hipertexto, você se sente confortável? E como se sentirão seus alunos? Você já discutiu esse assunto com eles?

Ao estudarmos o texto e a escrita, estamos, indiretamente, tratando da leitura. Também muitas das atividades apresentadas envolvem a leitura de textos, principalmente no que tange ao acesso a diferentes gêneros textuais. O que faremos nos próximos itens é a caracterização dos processos envolvidos na leitura de quaisquer tipos de texto de modo a, no próximo capítulo, enfocarmos as maneiras como a escrita e a leitura podem e devem ser revistas no trabalho de sala de aula.

As diferentes formas de ler

Você que é, ou já foi, professor das séries iniciais, sabe o quanto uma criança muda quando ingressa no mundo das letras (caso não tenha essa experiência, pode trocar informações com seus colegas). Não há dúvidas de que o seu mundo se amplia, e a forma como ela entende as situações do cotidiano adquirem maior consistência. Enfim, a criança entra em um outro ciclo de existência.

Mas a leitura começa muito antes de se dominar o código. Para cada sentido, há uma forma de leitura que corresponde às formas de apreensão do mundo. Por isso, Freire e Shor (1986) incitavam os professores a, primeiro, ensinar seus alunos a lerem o mundo para, depois, lerem textos escritos. Essa percepção de leitura de mundo relaciona-se à compreensão de que vivemos em uma rede semiótica, atingidos por signos de diferentes sistemas, por vezes, simultaneamente. Ao caminharmos pela rua, nossas impressões auditivas, visuais e olfativas, por exemplo, possibilitam a construção de um relato, de um texto. Há, portanto, toda uma leitura desenvolvida a partir das percepções sensoriais que depende de maior ou menor sensibilidade do indivíduo para ocorrer de maneira mais ou menos ampla.

Exemplificando

Quando o aluno recebe uma proposta a partir da qual sua casa ou seu quarto devem ser descritos, essa atividade ganha outra vida quando é solicitado que também um desenho (ou fotografia, dependendo do contexto) desse mesmo espaço seja feito. O objetivo aqui é fazer uma exposição do texto para a turma.

Além dessa perspectiva, por assim dizer sinestésica, é preciso ressaltar que viver em uma sociedade em letramento exige de todos nós uma capacidade de concretizar diferentes formas de leitura que emergem cotidianamente. É, enfim, o que se chama de *letramento multissemiótico*. A leitura de um texto é sempre intermediada de outras leituras que podem ocorrer simultaneamente ou ainda em uma sequência de referências semióticas.

Exemplificando (atividade em grupos)

Uma possível atividade para realizar uma leitura sob essa perspectiva (letramento multissemiótico) é, com os alunos divididos em grupos, encarregá-los de coletar materiais oriundos de diferentes meios de comunicação: jornal impresso, revista, material promocional, propagandas, internet (*site* oficial), imprensa internacional etc., isso enfocando um acontecimento específico, como o Campeonato Pan-Americano, por exemplo. Cada equipe apresentaria à turma seus resultados e comentários acerca da maneira como cada veículo de comunicação tratou o evento.

Em uma alusão, novamente, a Paulo Freire, é preciso ler criticamente e ludicamente os textos, assumindo uma postura de sujeito dessa ação. Assim, discutir o tratamento que meios de comunicação dão a um mesmo evento abre os olhos dos alunos para elementos próprios a cada sistema semiótico e ainda possibilita a constatação de um universo simbólico que ultrapassa tais representações, aprofundando o potencial crítico da turma.

É necessário que, ao acesso linguístico aos textos, some-se o acesso pragmático, por meio da proposição de atividades que envolvam a percepção dos diferentes papéis sociais desempenhado por todos nós nos diferentes contextos comunicativos aos quais temos acesso.

No entanto, não podemos perder de vista o texto em si, na sua acepção artística, que conduz os indivíduos ao território do imaginário por meio da função poética da linguagem. Esse, talvez, seja o maior desafio nosso, como professores, porque significa fazer o aluno gostar de ler, apaixonar-se por textos e tornar-se um leitor.

A questão que nos fica é sempre a maneira de proporcionar essa variedade de experiências aos alunos. Discutiremos isso com mais detalhes no próximo capítulo, mas, de antemão, afirmamos que é preciso ser um "professor multissemiótico" para que o trabalho flua dessa forma.

Precisamos lembrar que é possível desenvolver interessantes leituras corporais em atividades interdisciplinares com, entre outros, o professor de Educação Física. A observação dos movimentos produz textos fantásticos, como as crônicas esportivas, por exemplo.

Apreensão do texto

Apreender um texto significa se apropriar dele. Não se caracteriza pela realização de uma habilidade, a de leitura, mas a capacidade de atribuir significações. É por isso que Roland Barthes (1977) afirma que é por meio da leitura que se escreve um texto.

Também a noção de **independência semântica** enfatiza que a ação do leitor de inserir o texto em um contexto significativo distancia a produção da autoria, reforçando a importância do momento de apreensão do texto diante do momento de sua criação (Barthes, 1977).

Tecnicamente, portanto, a apreensão do texto é uma ação marcada pela subjetividade, gerando possibilidades de desenvolvimento de diferentes leituras de um mesmo texto. Ressaltamos, no entanto, que não se trata de interpretações diferentes como, às vezes, ouvimos dos alunos – cada um interpreta do jeito que quiser –, mas de possibilidades geradas pelas variações de registro pessoal.

A implementação de atividades pelas quais os alunos têm acesso a registros além dos seus próprios resulta na fomentação de um capital cultural, de modo a tornar o aluno cada vez mais apto a significar e ressignificar textos de diferentes gêneros. Assim, comentários livres acerca de determinada letra de música dão uma dimensão das diferentes possibilidades de apreensão de um texto. E a elaboração coletiva de uma análise da letra colabora para o enriquecimento do registro individual.

As estratégias de leitura

Diante do que vimos nos dois itens anteriores, professor, pode parecer estranho abordarmos aqui estratégias de leitura. No entanto, pensamos não se tratar de um conflito, já que o objetivo maior que temos é a formação do leitor. Portanto, a questão da autonomia precisa ser considerada até mesmo em função de um processo, o de letramento, que não se conclui na escola.

Essas estratégias concentram-se na compreensão e na interpretação como ações que se articulam e trabalham pela leitura e pela apreensão do texto, respectivamente. Novamente, é o leitor que identifica que ação deve ser acionada e em que ordem. É o texto que fornece as pistas que são paulatinamente colhidas pelo leitor e decodificadas conforme os elementos e subprocessos concernentes a cada estratégia.

Encaminhar o aluno à compreensão do texto significa apresentá-lo às perspectivas semântico-linguísticas que garantem o entendimento dos enunciados. Reconhecer e qualificar as articulações sintáticas produtoras de sentidos é fundamental (coesão), do mesmo modo que perceber as palavras em seus usos denotativo e conotativo.

> Em um simples texto de função apelativa,
> **"Ou você é Rider, ou não"**,
> é possível encontrar ricos exercícios de compreensão mediante o reconhecimento do caráter de exclusão da conjunção "ou". Também a apropriação semântica, por metonímia, da palavra *Rider* pode ser explorada.

Já a orientação voltada para a interpretação deve partir do princípio de que o trabalho é centrado na enunciação e, por conseguinte, trabalha o texto em termos de discurso. Somado a isso está um conjunto de atitudes que o leitor aciona quando do contato com o texto e que possibilitam o acesso ao que está implícito e ao extralinguístico. São elas:

a. a **seleção**: ao iniciar a leitura, a nossa mente naturalmente pinça determinadas palavras ou expressões que apontam para o que nos está atraindo no texto e que já nos conduzem a algumas formulações;
b. a **antecipação**: diante do texto, criamos determinadas expectativas em função de nossa experiência com outros textos; é comum, em um primeiro capítulo de novela televisiva, esperarmos a definição das personagens protagonistas;
c. a **inferência**: nosso registro invade o texto, fazendo com que hipóteses interpretativas sejam geradas;
d. a **autorregulação**: uma vez executadas as ações anteriores, é chegado o momento de conferir se a leitura em questão, efetivamente, corrobora as hipóteses formuladas até então;
e. a **autocorreção**: quando as hipóteses interpretativas não se concretizam, precisamos retornar na leitura para identificar, por exemplo, a acepção da palavra (ideia, expressão) no texto em questão. Uma vez corrigido, retomamos a trajetória interpretativa.

Observe, professor, como a última palavra do poema de Mário Quintana a seguir leva à autocorreção:

Todos esses que aí vão
atravancando meu caminho
eles passarão
eu passarinho

A leitura orientada, na qual o professor cumpre essas estratégias de leitura, é uma oportunidade para o aluno compreender o seu mecanismo de leitura. Assim, são feitas perguntas do tipo: O que vocês acham que vai acontecer com o personagem X? Ou, então: Será que esta história é igual às outras que vocês leram? Algumas dessas respostas são obtidas por meio da ilustração ou mesmo da composição visual do texto, responsável por inúmeras informações implícitas que estão disponíveis ao leitor atento.

Síntese

Neste capítulo, abordamos as estruturas básicas da **linguística textual**, salientando os aspectos que caracterizam o texto, a leitura e a escrita. Apontamos para a dimensão dialógica da linguagem, fazendo a distinção entre enunciado e enunciação, sendo esta última determinante na caracterização do texto como discurso. E, finalmente, a compreensão do texto em seu caráter semiótico foi destacada em função dos novos gêneros textuais que surgem a partir de avanços tecnológicos e da concepção multissemiótica da comunicação na Era Digital.

Atividades de Autoavaliação

1. "[...] um sistema semiótico complexo, tendo vários níveis ou estratos" (Halliday; Matthiessen, 2004). Essa definição é própria do (ou da):
   a) língua.
   b) discurso.
   c) linguagem.
   d) hipertexto.

2. Com relação à leitura, complete com V (verdadeiro) ou F (falso), con-

siderando as afirmativas a seguir:

( ) Ler é uma ação essencialmente multissemiótica.

( ) Só acontece a leitura quando esta é acompanhada de uma perspectiva crítica.

( ) Alfabetização e letramento se complementam no processo de compreensão textual.

( ) A leitura ocorre quando o texto apresenta clareza de estrutura e conteúdo.

3. A partir da citação a seguir, assinale a alternativa que identifica o fenômeno ora descrito:

> *[...] é um fenômeno de cunho social, e salienta as características sócio-históricas ao se adquirir um sistema de escrita por um grupo social. Ele é o resultado da ação de ensinar e/ou de aprender a ler e escrever, e denota estado ou condição em que um indivíduo ou sociedade obtém como resultado de ter-se 'apoderado' de um sistema de grafia.* (Peixoto, 2007)

a) Alfabetização.
b) Letramento.
c) Intertextualidade.
d) Hipertexto.

4. Assinale V (verdadeiro) ou F (falso) em relação ao que apresentam as afirmativas na sequência:

( ) Como a linguagem é determinada por fatores sócio-históricos, pode-se perceber que a comunicação, tanto a escrita quanto a falada, evoluiu conforme evoluiu a humanidade.

( ) Aprender a ler e a escrever é mais uma questão de ambiente do que de método de alfabetização.

( ) Alfabetização e letramento são, em essência, a mesma coisa, já que ocorrem por intermédio de metodologias determinadas por linhas pedagógicas.

( ) Os tipos de texto, na verdade, correspondem aos gêneros literários, definidos por Aristóteles.

5. Complete com V (verdadeiro) ou F (falso) em relação às afirmativas a seguir:

( ) Evolução da língua significa ampliação de vocabulário.

( ) O hipertexto é uma evolução da língua.

( ) Recortar e colar, como ações desenvolvidas por meio do computador, não implicam leitura de texto.

( ) Só há leitura quando há compreensão da mensagem por parte do receptor.

Atividades de Aprendizagem

1. Navegue nos endereços eletrônicos abaixo indicados e comente a leitura dos hipertextos, considerando também a interatividade proposta.

Ciber Poesia. Criando o universo na ponta dos dedos. Disponível em: <http://www.profanacarolina.art.br/ciberpoesia.htm>. Acesso em: 4 dez. 2007.

Capparelli, S.; Gruszynski, A. C. Ciber e poemas. Disponível em: <http://capparelli.com.br/ciberpoesia/layout.swf>. Acesso em: 4 dez. 2007.

2. As propagandas são excelentes textos que podem propor reflexões sérias acerca do nosso modo de viver e consumir. Observe, então, as propagandas voltadas para crianças e comente de que maneira elas

refletem a representação dos gêneros (masculino/feminino) em nossa cultura.

Atividade Aplicada: Prática

Field (2004, p. 5) afirma que há formas de melhorar a acessibilidade visual de um texto, determinando nove funções principais dos componentes visuais, a saber:

a) ativar conhecimentos anteriores;
b) esquematizar os pontos principais e secundários do texto;
c) resumir informações;
d) enfatizar os pontos centrais;
e) organizar itens em uma lista;
f) oferecer reforço visual para um assunto;
g) explicar visualmente um conceito por meio de fotografia, gráfico ou diagrama;
h) disponibilizar informações suplementares;
i) apresentar um resumo dos assuntos principais.

Elabore uma proposta de atividade em que os alunos tenham que avaliar essas funções em um jornal impresso.

Capítulo 2

No capítulo anterior, já havíamos mencionado que muito havia mudado em relação às concepções de leitura e escrita a partir das discussões trazidas pela **linguística textual**. Trazendo conceitos mais adequados aos gêneros textuais surgidos nas últimas décadas e retomando o pensamento de teóricos do porte de Bakhtin (1997), entre outros já citados por nós, oportunizou o diálogo com outras concepções da área de educação que ansiava por mais subsídios que servissem de base a intensos revisionismos.

A leitura e a escrita no contexto escolar

A cada momento, multiplicam-se as demandas por práticas de leitura e de escrita, não só na chamada cultura do papel, mas também na nova cultura da tela, com os meios eletrônicos, que, ao contrário do que se costuma pensar, utilizam-se fundamentalmente da escrita, são novos suportes da escrita. Assim, nas sociedades letradas, ser alfabetizado é insuficiente para vivenciar plenamente a cultura escrita e responder às demandas de hoje.
(Magda Soares, 2000)

2.1 Introdução

Observamos a **escola** em um momento muito especial, posto que, teoricamente, as mudanças estão norteadas, haja vista o discurso presente nas *Orientações Curriculares para o Ensino Médio* e o conceito de **transversalidade** no material de ensino fundamental. Resta, enfim, a transformação da prática do professor de língua materna. Os desafios são muitos, e passamos por fases de esmorecimento e euforia diante do porte das mudanças. O que importa, então, é prosseguirmos no caminho em direção à formação do leitor em letramento, curioso e crítico por natureza.

2.2 O ensino tradicional de Língua Portuguesa

Todos nós já fomos tradicionais um dia... E somos em parte. Até porque é necessário um tempo de pesquisa para transformar uma prática tão arraigada. Estamos acostumados a seguir o currículo e a elaborarmos planejamentos centrados em conteúdos gramaticais. Às vezes conseguimos mudar um pouco, transformamos aqui e ali, mas quando menos esperamos, lá estamos nós... outra vez... Enfim, como dissemos, são nossos desafios.

Chamamos de *ensino tradicional de Língua Portuguesa* a prática voltada ao ensino da gramática pela gramática, sustentando uma concepção bancária de educação, cuja prática se mantém nos lugares mais afastados do interior, mas também em plenos centros urbanos onde o acesso à reciclagem é maior. Ela é responsável por ações do tipo:

~ na **educação infantil**: a alfabetização por metodologias descontextualizadas, como a silabação, e dissociadas do letramento;
~ no primeiro segmento do **ensino fundamental**: listas de conjugação de verbos, "decoreba" de flexões de gênero e número irregulares;
~ no segundo segmento do **ensino fundamental**: "decoreba" de regras de acentuação e de ortografia;
~ no **ensino médio**: listas de orações para serem classificadas.

Esses são alguns exemplos de uma prática que não se restringe à escola pública. O uso de material apostilado, normalmente, cumpre um registro de tópicos gramaticais que são cobrados em provas já com objetivo voltado para os vestibulares.

Para piorar a situação, ocorre a utilização dos conteúdos gramaticais como instrumentos de poder e de coerção, diante do quadro de indisciplina que desafia a autoridade do professor diariamente. Por vezes, é difícil resistir à tentação. O resultado é rancor e distanciamento do alunado em relação ao trabalho com a língua materna.

Em termos da organização estrutural da disciplina, é bastante comum a compartimentalização, por meio da qual **literatura**, **gramática** e **redação** são separadas em aulas distintas e/ou professores diferentes. Definitivamente, esse trinômio dificulta as coisas para os professores, até porque define a divisão interna de publicações voltadas ao discente que são tomadas como referenciais da elaboração de planejamentos.

No que tange ao trabalho com a **leitura**, seria necessário, ainda, muito trabalho de conscientização da diferença de perspectiva proporcionada pelo trabalho com os gêneros textuais. Mas atenção! É preciso destacar o trabalho de muitos professores que se mostram comprometidos com uma aprendizagem significativa e que estão formando, sim, pessoas mais críticas e atuantes socialmente. Contudo, a **escola** requer muitos mais.

Quanto à escrita, como apontamos no capítulo anterior, ainda se sustenta a sequência **descrição-narração-argumentação**, como se houvesse um perfil cognitivo que determinasse tal gradação.

Poderíamos listar um número considerável de práticas tradicionais utilizadas em pleno século XXI. Porém, não acreditamos que isso seja, efetivamente, útil. Vivemos um momento em que é importante não se deixar contaminar pelo negativismo, para que possamos vislumbrar novas perspectivas de trabalho coletivo. Elas já estão acontecendo em muitos espaços e a sua busca aqui, professor, só reitera esse fato.

Na sequência do capítulo, discutiremos propostas de trabalho que apontam para as perspectivas mais conscientes de trabalho com a língua materna.

2.3 O desenvolvimento da habilidade de leitura – a formação do leitor

Formar o leitor deve considerar de início a questão do **letramento**. Não vivemos em uma sociedade ágrafa, e é comum o contato desde cedo com diferentes gêneros textuais. As limitações de ordem econômica e social influenciam, mas vêm ocorrendo mudanças significativas, como o esforço para ampliar o acesso à educação infantil. Não é só isso, tem-se implementado, neste ciclo, o conceito de letramento, transformando as atividades em oportunidades de contato com livros e outras necessidades psicomotoras pertinentes à fase da criança.

Um segundo aspecto merece nossa atenção: a **mediação**. Cabe ao professor a função de mediação entre a leitura e o aluno-leitor. Somos nós quem traçamos objetivos claros de letramento ao selecionar textos de diferentes gêneros. E, por isso, seriam características do professor-mediador:

~ conhecer um acervo literário representativo;
~ dominar critérios de julgamento estético;
~ reconhecer da historiografia da literatura infantil e infantojuvenil seus principais representantes;
~ utilizar métodos e técnicas de incremento e estímulo à leitura.

Dessas, acreditamos ser importante destacar a segunda, em função da explosão mercadológica da literatura infantil e infantojuvenil. Apesar de ser fundamental o acesso a uma variedade de textos, isso não significa obras inadequadas ou de questionável valor literário (no caso de textos literários). É preciso pensar sobre que qualidade de pessoas estamos ajudando a formar. Se não queremos pessoas que banalizam a violência, não podemos expor crianças em fase pré-escolar a cenas, textos e ilustrações que reforçam isso. Não que as devêssemos criar em uma redoma de cristal, mas é importante aguardar certo amadurecimento cognitivo de modo a que elas consigam, literalmente, compreender algumas situações. Imagine o que é para uma criança que está construindo o arquétipo do herói interior, ver um herói que mata ou espanca "sem motivo" aparente. É diferente do que é proposto pela leitura dos contos de fadas, cujo enredo envereda pelo território do simbólico, e as funções arquetípicas dos acontecimentos, mortes e personagens estão bem delineadas, como nos mostram estudos como os do mitólogo Joseph Campbell, do psicanalista Carl Gustav Jung e do criador da Pedagogia Waldorf, Rudolf Steiner.

Ainda que o cotidiano de algumas comunidades roubem a inocência das crianças, é bastante saudável ter acesso a esse tipo de texto, uma vez que ele, por catarse e por identificação, apresenta um viés terapêutico – aquilo que Aristóteles chama de *biblioterapia*, isto é, a terapia por meio da leitura de textos. Isso não é difícil de compreender, não é? Quantos de nós já passamos por esse tipo de experiência, na qual uma leitura nos trouxe mais tranquilidade diante de um conflito.

E já que estamos tratando dessa faixa etária, gostaríamos de retomar um ponto no pensamento de Bamberger (2000), quando ele destaca a necessidade de o professor preparar a sua leitura do texto à turma. Para esse público em especial, então, temos a figura do contador de histórias, que é muito importante para preservar a criança do contato precoce com o texto, garantindo a vivência enriquecedora de experimentações sensório-motoras.

Quanto aos gêneros, devido à ênfase na oralidade, a musicalidade e as sonoridades são recomendadas às crianças pré-leitoras, proporcionando o contato com estruturas poéticas e narrativas, ressaltando-se aí o fenômeno da **recorrência** – a segurança proporcionada pela repetição da leitura da história por muitos dias.

De resto, a teatralização das brincadeiras já dá conta da vivência com os gêneros presentes no cotidiano desses pequeninos e que são naturalmente registrados, com direito a cenários, objetos de cena (telefones, cartas etc.). O importante, nesse caso, é estar atento aos relatos dos alunos, para que situações possam ser aproveitadas e elaboradas nas brincadeiras e histórias contadas a eles.

Em uma segunda fase, quando a criança já foi introduzida à escrita alfabética, o apetite pela leitura é grande em função da possibilidade de decifração do código.

A opção pelos livros da fase anterior (contos de fadas e fábulas) não exclui a abertura das crianças a textos mais desafiadores, isto é, livros e textos que elas mesmas consigam ler, pois há o saudável exercício da independência. O trabalho com a sonoridade da palavra adquire mais consistência. É preciso entender que a percepção que o aluno do ensino médio deve ter das aliterações e das assonâncias depende do trabalho desenvolvido nessas fases iniciais com relação aos fonemas. Textos como *Marcelo, marmelo, martelo*, de Ruth Rocha (1981), são ótimos! E músicas, muitas músicas.

Exemplificando

Nessa segunda fase de desenvolvimento, o da decifração do código, você pode desenvolver brincadeiras sonoras com as crianças, tais como, enumerar:

~ palavras que sejam "crocantes" (creme, traça etc.);
~ palavras "redondas" (bolo, umbigo, bola etc.);
~ "jogar" uma palavra dentro de um copo d'água (a palavra é articulada como se estivéssemos no fundo do mar).

Em um terceiro momento – correspondente às séries finais do segundo segmento do ensino fundamental –, já podemos ter em vista a formação do leitor silencioso, alternando leitura coletiva e leitura individual em sala de aula. Principalmente se considerarmos o estilo de vida contemporâneo, é importante ter a sala de aula como um espaço de leitura – simplesmente leitura, desprovida de avaliações ou debates. É o início da formação do hábito da leitura. Podemos começar com pouco tempo, e é uma ótima oportunidade para trabalhar com a diversidade de gêneros, disponibilizando aos alunos uma variedade de possibilidades para que escolham o que será lido por eles, sozinhos.

Concomitante a isso, é importante desenvolver atividades que ampliem a velocidade e a concentração na leitura. Aquela prática de leitura em que cada aluno lê um trecho de um texto longo serve a esse propósito. E variações existem para garantir um trabalho semanal, senão diário. É evidente, é preciso aprofundar as ações de leitura, orientando o trabalho para uma compreensão do texto, inclusive já inserindo o conceito de intertextualidade e até de paródia, guardadas as diferenças de faixa etária e de série.

Desse ponto em diante, o trabalho de formação do leitor se estende baseado nesses mesmos princípios, apenas ampliando a variedade de gêneros textuais por conta do maior acesso de alunos do ensino médio a mais ambientes em letramento. Independente dessa relativa autonomia desses alunos, o professor continua sendo o mediador, priorizando textos que levem à formação de leitores cada vez mais críticos. Quando for possível aliar o gosto dos alunos a essa prioridade, ótimo, mas Bamberger (2000) atenta para o fato de ser o professor o responsável, tendo, por vezes, de ir ao encontro dos desejos dos alunos.

A multimodalidade também é uma prática a ser implementada mesmo nas séries finais do ensino médio. Essa prática permite que sejam experimentados sistemas semióticos outros que não o texto escrito: teatro, cinema, fotografia etc.

Exemplificando

A **multimodalidade** permite a você, professor, algumas atividades bastante diferenciadas, como, por exemplo, propor a criação de um determinado cartaz publicitário a partir de uma pintura ou foto famosa, dessa forma, explorando a intertextualidade multissemiótica; permite perceber como os sistemas de signos podem ser articulados.

2.4 O desenvolvimento da habilidade da escrita

O desenvolvimento da modalidade escrita da língua não objetiva a formação de escritores, mas de indivíduos competentes linguisticamente. Assim como acontece com a formação do leitor, a noção de gêneros textuais permeia todo esse trabalho, extrapolando a concepção canônica de textos descritivos, narrativos e dissertativos. Como procuramos demonstrar no início deste estudo, a argumentação é, na verdade, a produção textual de maior relevância, uma vez que se refere à inserção do indivíduo no mundo. Se apreender um texto é compreender o mundo, produzir um texto é projetar a identidade, investida de autoria, no mundo.

O texto argumentativo é usado em todas as outras áreas do conhecimento e, por esse motivo, é de responsabilidade de todos os professores. A terminologia e o raciocínio próprios da Biologia, Matemática, Física, Geografia e História, por exemplo, só podem ser avaliados com competência pelos seus respectivos professores. Nós, de Língua Portuguesa, prestamos uma assessoria, mas não podemos responder pela integralidade do trabalho que deve ser coletivamente assumido.

Quando estudamos os **tipos textuais**, vimos que a argumentação é um deles, ao lado da descrição, da exposição, da argumentação e da injunção. Procuramos deixar claro que, assim como Marcuschi (1972), acreditamos no trabalho desenvolvido via **gêneros textuais**, nos quais os tipos se realizam naturalmente. Pensemos em uma carta e na sucessão de informações que naturalmente são enumeradas: descrevem-se cenas de família, emitem-se opiniões acerca dessas cenas e assim sucessivamente. O mesmo pode ocorrer em um *e-mail* ou em uma teleconferência.

Considerando os gêneros como fenômenos sócio-históricos, sua produção precisa ser contextualizada para ser significativa. Se o indivíduo não percebe a necessidade de escrever um dado gênero, não haverá interesse em aprendê-lo. E, ainda que saibamos de gêneros próprios da vida urbana contemporânea (por isso comuns às mais diversas comunidades), por vezes é interessante que seja elaborada – em conjunto, alunos e professores – uma listagem dos gêneros presenciados no cotidiano da família ou da comunidade e que, naturalmente, serão trabalhados pelo professor em sala de aula. Esse trabalho pode ser orientado por projeto(s), a exemplo de muitos que são desenvolvidos em pequenas comunidades visando à preservação de músicas tradicionais ou à divulgação das histórias de bairros e de ruas.

> Você já percebeu como as histórias de família são interessantes? Isso ocorre porque remetem a uma época desconhecida do aluno. A coleta dessas histórias pode ser uma atividade desenvolvida **COM** a família e levada à escola pelo aluno.

Perrenoud (1997) atribui bastante significância ao trabalho por projetos. Nessa perspectiva, a escola pode desenvolver projetos que envolvam produções textuais, como troca de correspondência entre escolas da comunidade, quadros de avisos da comunidade etc. Mas, pensando na profundidade que é a pedagogia por projetos, é importante refletir quanto ao caráter competitivo dos concursos de "Melhor História" e "Melhor Poema", por exemplo. Esse tipo de proposta esvazia o significado da produção, direcionando o valor ao prêmio ou ao reconhecimento coletivo. Além disso, muitos não participam desses concursos por não se julgarem competentes se comparados a outros de sua turma. Também devemos reconhecer que, nem sempre, o ganhador de um concurso de melhor poema é o que apresenta real competência linguística, uma vez que ele pode não conseguir completar um formulário de inscrição *on-line*. A questão é inserir o texto significativamente na vida dos alunos e não torná-lo algo excepcional, transformando seus autores em seres dotados de algum talento superior.

Como exemplo de uma situação de aprendizagem que seguiu tais parâmetros educativos, temos o caso de uma escola que criou o espaço "Bote a boca no trombone!", para que na hora do intervalo das aulas, um aluno lesse seu texto sobre um caixote no pátio da escola. Os textos teriam que ter temática político-social. A surpresa era a presença de alunos de séries iniciais mostrando seu descontentamento com a guerra, a fome e a violência. E, por se tratar de um projeto da escola, a bibliotecnista havia montado uma exposição com os "Discursos da História".

Nesse sentido, a elaboração conjunta de um "Plano de Curso" estruturado em projetos é uma saída interessante, pois permite a organização por discursos. Um estudo do discurso jornalístico, por exemplo, contemplará os diversos gêneros que o compõem: a reportagem, a notícia, a crônica, o anúncio etc. Nesse caso, todo um levantamento tipológico poderia ser desenvolvido com os alunos que, por comparação, identificariam os elementos coesivos típicos, as intertextualidades próprias de um jornalista, a presença do injuntivo e do argumentativo, diferentemente nos gêneros e assim sucessivamente.

Se a partir disso houvesse a elaboração de um jornal, a maneira como seria concretizado dependeria da estrutura de cada estabelecimento – no mural, filmado, impresso ou *on-line*. Soubemos de uma proposta desenvolvida em uma comunidade rural, em que as crianças, em grupo, levavam e liam seus textos (em sua maioria notícias e reportagens) pelas chácaras e fazendas da região. Alguns pais chegaram a se envolver, e o transporte era feito de carroça ou caminhonete. Enfim, vale a criatividade no momento de elaborarmos os projetos.

Mas, vamos supor que trabalhamos em uma escola que sustente, rigidamente, a prática daquele trinômio (descrição, narração e argumentação). É preciso ter diplomacia e boa vontade, mas sempre podemos encontrar possibilidades de, criativamente, tornar o trabalho mais abrangente. Se a partir de um "trabalho com a descrição", orientarmos a produção de um material de divulgação turística da região, imaginem quantos gêneros podem ser explorados?

Então, no que tange à prática pedagógica centrada nos gêneros textuais, o conceito de **competência comunicativa**, apontado por Hymes (1979), seria mais adequado em função das exigências intersemióticas de nosso tempo. Montar um *site* ou um jornal *on-line* já é uma realidade em muitas escolas. Algumas contempladas pelos projetos de inclusão digital, outras por recursos próprios, investem no uso das novas tecnologias da comunicação e na devida capacitação de professores e de alunos. Não há como desprezar essa situação no cenário educacional brasileiro.

Porém, é importante ressaltar que as possibilidades semióticas e sua noção de texto para além da escrita – ou até dissociado dela – instrumentalizam o professor a trabalhar com outros sistemas de códigos que servem, igualmente, ao desenvolvimento da habilidade da escrita. Basta pensarmos na instigante pesquisa de Weil e Tompakow (1995) acerca da estrutura psicofísica do homem, exposta na obra *O corpo fala*. Os alunos não percebem que esse conhecimento é o que permite a construção dos quadrinhos, principalmente na exploração da linguagem corporal das personagens. A escrita dos quadrinhos não se efetiva sem o devido trabalho de referencialidade corporal.

Mas em relação aos tipos textuais, a argumentação é o tipo que merece destaque pelos motivos já discutidos por nós anteriormente. Mas, mesmo assim, convém reforçar a construção de um discurso próprio, crítico e analítico a partir da capacidade argumentativa que um indivíduo apresente. A questão é que essa capacidade não nasce pronta. Ela depende de um trabalho desenvolvido com as crianças desde quando elas começam a interagir com a mãe. Não é nosso objetivo uma expedição diacrônica de investigação linguística. No entanto, é importante reforçar que a argumentação começa da capacidade oral que a criança tem de organizar e expressar seus pensamentos, ideias e emoções. Para que um aluno do ensino médio consiga formular hipóteses e pressupostos, ele precisa ter feito isso oralmente em fases anteriores. A argumentação é vivida na oralidade e na escrita, uma reverberando na outra, dialeticamente.

Neste momento, focalizaremos a produção de argumentos em uma perspectiva prática e caracterizaremos uma proposta de trabalho.

A escolha do tema pode partir de uma condição ou situação vivida pela comunidade, como a problemática do lixo. Tudo parte de um movimento de conscientização desenvolvido em toda a escola, objetivando informar quanto ao uso dos dispensórios de coleta seletiva (cor e símbolo) e motivar a coleta seletiva em casa. Os alunos seriam divididos em duplas ou trios, e cada equipe deveria elaborar um cartaz com uma frase de impacto sobre o tema. Aproveitaríamos para explorar a tipologia injuntiva que, nesse caso, seria naturalmente produzida.

Em um segundo momento, de posse dos cartazes, dividiríamos os trabalhos conforme a tipologia de suas frases: injuntivas ou argumentativas (ou ainda outro tipo). Essa atividade seria feita com os alunos, perguntando a eles a diferença básica e estabelecendo, então, o critério de seleção do material.

Uma vez divididas e caracterizadas, as frases argumentativas seriam registradas no caderno. Seriam os pressupostos possíveis do tema. No ensino fundamental, não haveria necessidade de terminologia, mas no ensino médio, sim.

Na sequência, as frases argumentativas seriam transformadas em interrogativas, e os alunos seriam orientados a respondê-las de maneira desenvolvida. Essas respostas já são argumentos.

Depois, a professora dividiria os alunos em grupos de quatro ou cinco para que "juntassem" suas respostas, montando um único texto. Nesse momento, os alunos sentiriam necessidade dos elementos de coesão e, conforme as dificuldades surgissem, conjunções e palavras denotativas seriam indicadas.

De posse dos resultados, o professor faria a leitura para a turma e, então, seria verificada a possibilidade de união dos parágrafos para a conformação de uma única produção. Às vezes o texto fica prontinho. Outras vezes, é preciso fazer algumas alterações. Em outros casos, só dois parágrafos podem ser unidos e, em separado, outros dois. É aí que entra a atenção do professor, o especialista que intervirá para garantir o sucesso desse texto coletivo.

Essa sistemática pode ser desenvolvida periodicamente. Em menor escala, um texto em grupo pode ser desenvolvido a partir de pressupostos apresentados. Ou, ainda, partes dela podem ser desenvolvidas semanalmente, como a elaboração de pressupostos para temas apresentados pelo professor. O importante é praticar. Só se aprende a escrever escrevendo.

Apenas fazendo uma observação – em outro módulo, a avaliação será explorada com mais propriedade e profundidade – os erros de escrita devem ser, igualmente, reconhecidos como elementos significativos dentro de uma prática social de escrita. Os alunos devem compreendê-los em um hiato entre a oralidade e a modalidade escrita da língua e que, por isso, precisam ser revistos e trabalhados. Nunca ridicularizados, para que o constrangimento não sirva de obstáculo (mais um) ou desestímulo para os alunos. É importante igualmente não usar o erro como forma de poder sobre a turma, como o que acontece com a listagem de "besteiras", divulgada sob uma chuva de gargalhadas. Isso mostra o poder que dominar a língua confere a quem a domina, a ponto de poder ridicularizar aqueles não tão hábeis com o idioma. Já presenciamos situações bastante complicadas geradas por esse tipo de ação, que, oculta sob a máscara da "brincadeira", pode revelar crueldade e preconceito ao aluno.

Ditados de texto, cópias contextualizadas, assim como a explanação de regras devem ser práticas constantes. Da mesma forma, os jogos como Dominox e as Palavras Cruzadas devem se tornar um hábito para o trabalho lúdico com a ortografia, inclusive com a participação dos alunos na sua elaboração. E nada como um dicionário em sala, para o exercício da autonomia na construção da competência comunicativa.

E, finalmente, todos devemos dar o devido crédito às reescritas, de preferência desenvolvidas em sala, com a participação do professor e dos colegas quando solicitados. É muito saudável indicar os erros e devolver para que o aluno refaça seu texto e, somente depois, atribuir uma nota (quando essa for a proposta). Os alunos sentem-se respeitados e respeitam a nossa correção, valorizando esse momento de devolução e reescrita.

Síntese

Neste capítulo, refletimos sobre o trabalhar a leitura e a escrita na escola. Vimos que ainda há muito de tradicional no ensino de Língua Portuguesa, o que é responsável pela sustentação do foco em conteúdos gramaticais. Comentamos a importância das concepções da **linguística textual** acerca de **tipos** e **gêneros textuais,** como norteadoras de uma prática pedagógica inclusiva, que visa à competência comunicativa. Também caracterizamos algumas atividades de leitura e escrita que podem servir de sugestões para a prática do professor.

Atividades de Autoavaliação

1. De acordo com o conteúdo trabalhado neste capítulo, marque com V (verdadeiro) ou F (falso) as assertivas a seguir:
   ( ) Os alunos em nível de pré-alfabetização ainda não têm condições de produzir textos argumentativos.
   ( ) A argumentação é uma tipologia que explicita o dialogismo da linguagem.
   ( ) É por meio, principalmente, da argumentação que a enunciação sofre a marcação da subjetividade.
   ( ) Pressupostos são fundamentais para a elaboração de argumentos.
   ( ) A argumentação oral não pode ser explorada em uma atividade de produção de texto argumentativo.

2. Assinale a alternativa correta.

   Só não cabe ao professor letrador:

   a) disponibilizar o contato com diferentes gêneros textuais.
   b) selecionar obras com o objetivo de formar leitores.
   c) preocupar-se em adotar obras que tenham baixo preço para, assim, garantir que todos comprem o livro.
   d) propor atividades multimodais que explorem a leitura do texto.

3. A limitação do ensino tradicional de Língua Portuguesa se deve a vários fatores. Dos apresentados na sequência, marque (V) para os que correspondem a agentes limitadores e (F) para os que não são agentes limitadores:
   ( ) o respeito à hierarquia entre escrita e fala.
   ( ) a utilização de textos de autores estrangeiros.
   ( ) a aceitação de todo tipo de nível de linguagem.
   ( ) o enfoque do trabalho nas normas gramaticais.

4. Assinale a alternativa correta.

Com relação ao erro encontrado em uma produção escrita, só não é recomendado:

a) identificar o erro no texto.
b) comentar o erro com o autor do texto.
c) mostrar a correspondência do erro em variante culta.
d) tratar o erro como uma incompetência linguística.

5. Marque V (verdadeiro) ou F (falso), avaliando as afirmativas referentes a estratégias de leitura:

( ) A antecipação corresponde à escolha prévia de um título com o objetivo de agradar um desejo subjetivo.
( ) A seleção é a estratégia desenvolvida em uma livraria ou biblioteca, diante do imenso volume de obras à disposição do leitor.
( ) Inferir é o mesmo que produzir hipóteses interpretativas a partir do registro que o leitor leva ao texto lido.
( ) Para verificar se as hipóteses interpretativas se confirmam no texto lido, é preciso desenvolver a autocorreção.

Atividades de Aprendizagem

1. Comente o texto relacionando-o ao trabalho de leitura e escrita desenvolvido na escola.

O pensamento, mais que um simples processo lógico, desenvolve-se em resposta a desafios vitais. Sem o desafio da vida o pensamento fica a dormir... O pensamento se desenvolve como ferramenta para construirmos as conchas que a natureza não nos deu. O corpo aprende para viver. É isso que dá sentido ao conhecimento. O que se aprende são ferramentas, possibilidades de poder. O corpo não aprende por apren-

der. Aprender por aprender é estupidez. Somente os idiotas aprendem coisas para as quais eles não têm uso. É o desafio vital que excita o pensamento. E nisso o pensamento se parece com o pênis. Não é por acidente que os escritos bíblicos dão ao ato sexual o nome de "conhecimento"... Sem excitação, a inteligência permanece pendente, flácida, inútil, boba, impotente. Alguns há que, diante dessa inteligência flácida, rotulam o aluno de "burrinho"... Não, ele não é burrinho. Ele é inteligente. E sua inteligência se revela precisamente no ato de recusar-se a ficar excitada por algo que não é vital. Ao contrário, quando o objeto a excita, a inteligência se ergue, desejosa de penetrar no objeto que ela deseja possuir. (Alves, 2002, p. 3)

2. Vá ao *site* de um provedor de sua escolha e identifique as diferentes linguagens nele presentes e que exigem uma leitura intersemiótica.

Atividade Aplicada: Prática

Tome a ficha de leitura de uma obra que você tenha adotado. Faça uma análise das questões nela propostas, considerando a exploração significativa do texto. Então, elabore uma ficha de leitura para a obra que contemple investigações que sirvam ao propósito da formação de leitores.

Parte II

Compreensão e produção de textos em língua estrangeira

Capítulo 3

Ler em uma língua estrangeira é tão importante quanto ler em nossa língua materna. Nas considerações iniciais deste terceiro capítulo, dedicado à discussão da leitura em língua estrangeira, iniciaremos retomando o diálogo sobre a importância da leitura e de o quanto ela está presente no cotidiano de um falante nativo. Nosso objetivo é argumentar que o falante de uma língua estrangeira, para inserir-se plenamente em um outro universo linguístico e cultural, precisa, durante seu processo de aprendizado, ir gradativamente sendo capacitado a ler diferentes textos, de diferentes formas, para atingir diferentes fins.

Compreensão de textos em língua estrangeira

Reading is like an infectious disease: it is caught not taught (And you can't catch it from someone who hasn't got it...)
(Christine Nuttall, 2000, p. 192)

3.1 A presença da leitura em nosso cotidiano

Diariamente, experimentamos diversas práticas de leitura. Ao transitarmos pelas ruas de nossa cidade, lemos os textos de propagandas disponibilizadas em *outdoors*, os anúncios de promoções na frente das lojas, as mensagens escritas nos muros e os panfletos de toda ordem. Ao passarmos por bancas de revistas, lemos as manchetes nas capas das revistas e na primeira folha dos jornais. Se nos decidirmos por comprar uma revista ou um jornal, leremos alguns artigos na íntegra. Nas instituições de ensino, lemos livros e textos acadêmicos. E, como se já não estivéssemos imersos em um oceano de textos, o advento da tecnologia aumentou imensamente nosso contato diário com a leitura: lemos notícias disponíveis nos jornais e revistas eletrônicos, lemos *e-mails* – pessoais e profissionais – e pesquisamos sobre diversos temas na internet. Até mesmo em casa, a leitura está presente em nosso cotidiano: a leitura pode ser um *hobby* – quando nos deleitamos com livros literários –, ou uma necessidade – quando lemos receitas, manuais de instrução ou bulas de remédio. Como podemos perceber, uma extensa lista de textos se apresenta nos contextos sociais nos quais circulamos. Dificilmente conseguiríamos passar um dia sem naturalmente lermos uma boa quantidade de textos, pois a leitura faz parte de nossa vida e da forma como nos relacionamos com as pessoas.

A leitura é um meio de que dispomos para nos mantermos informados sobre as notícias de nossa cidade, de nosso país, do mundo. Por meio da leitura, podemos obter informações necessárias para:

a. executarmos nossas tarefas diárias;
b. compartilharmos opiniões com nossos colegas e amigos em nossos encontros sociais;
c. compreendermos a relação entre fatos do passado e fatos do presente;
d. atuarmos profissionalmente;
e. desenvolvermo-nos academicamente;
f. contribuirmos para a evolução de nossa sociedade.

Tantas são as vantagens da leitura que não poderíamos elencá-las rapidamente sem corrermos o risco de construir uma lista simplista.

Sendo a leitura uma presença tão marcante em nossas vidas, não é engraçado que algumas pessoas digam que não gostam de ler? Você acredita que seus alunos de língua estrangeira têm consciência sobre a importância da leitura e sobre como ela está inserida em nosso cotidiano? Seria válido compartilhar com eles o que acabamos de apresentar?

3.2 O que é ler?

Como já falamos anteriormente, **ler** é a capacidade de atribuir **significado** ao texto. Não é suficiente apenas identificar as palavras em um texto, é preciso perceber como tal texto se organiza para comunicar algo.

Essa concepção de leitura considera importante que, ao ler um texto, o leitor possa relacionar as partes com o todo, percebendo uma sequência lógica no seu desenvolvimento. Espera-se também que o leitor possa distinguir as ideias principais das ideias secundárias em um texto, e que ele seja capaz tanto de comentar sobre o que leu quanto de resumir o conteúdo do texto lido. Ou seja, ler é uma atividade que requer concentração e esforço por parte do leitor. Tal concentração e esforço deverão ser proporcionais ao grau de complexidade que o texto representa para o leitor.

De qualquer forma, é importante frisar que a leitura está longe de ser uma habilidade passiva, principalmente em se tratando de leitura em língua estrangeira. O leitor que se depara com um texto escrito em uma língua estrangeira, além de buscar construir significado a partir desse próprio texto, ainda terá que lidar com as limitações que a própria língua lhe impõe, no tocante a seu conhecimento de estruturas gramaticais, de vocabulário e de temas que abordam questões culturais que ele desconhece.

Considerando o que foi exposto, algumas questões surgem: Traduzir o texto em língua estrangeira significa que o leitor extraiu significado desse próprio texto? Para facilitar a compreensão do aluno, o professor deve fazer um resumo em português acerca do conteúdo do texto, antes da leitura?

Acreditamos que esses são questionamentos que merecem a nossa atenção e discussão, pois um **sim** ou um **não** pode modificar o curso de nossas aulas e precisam, portanto, ser bem avaliados. As respostas são duplamente negativas: a) traduzir um texto é uma atividade com maior ênfase na decodificação dos símbolos escritos do que na interpretação; portanto, ela não apresenta nenhuma garantia de que o aluno realmente tenha compreendido a mensagem do texto; b) se o professor apresentar o resumo do texto na língua materna antes de os alunos lerem, qual é o objetivo da leitura, então?

3.2.1 Conhecimento compartilhado entre produtores e leitores de textos

Para que o **leitor** seja bem sucedido ao tentar ler um texto, ele deve **compartilhar** algum **conhecimento com o autor** do texto. Christine Nuttall (2000, p. 6-7) lembra que em primeiro lugar, no mínimo, leitor e escritor devem compartilhar um mesmo código. Seria muito difícil para um estudante brasileiro que nunca tivesse estudado alemão ou inglês, por exemplo, ler textos nessas línguas. Em segundo lugar, no caso dos alunos de língua estrangeira, uma dificuldade comumente encontrada diz respeito ao conhecimento vocabular do autor do texto, que é normalmente bem maior do que o do aluno que tenta ler o texto. Daí a importância dos professores selecionarem textos que não estejam muito acima do nível linguístico dos alunos para não transformar a atividade de leitura em uma atividade de decifração. Em terceiro lugar, leitor e escritor devem compartilhar algum conhecimento de mundo. Mesmo leitores de textos em língua materna teriam dificuldades em ler textos de áreas técnicas com as quais eles não têm intimidade.

> Você, com formação em Letras, já leu e compreendeu perfeitamente um texto científico de física ou biologia?

Às vezes, mesmo textos em nossa área podem ser de difícil compreensão, se o conhecimento que temos acerca do tema em questão é muito inferior ao do escritor que o produziu. Qual aluno de Letras não teve que ler e reler alguns textos de disciplinas como Teoria Literária ou Linguística?

Nuttall exemplifica visualmente o conhecimento compartilhado entre leitores e escritores como a área de interseção entre dois círculos. Segundo a autora, essa área representa o que leitor e escritor têm em comum: a língua, as crenças, os dados culturais, o conhecimento de mundo, o conhecimento sobre o tema do texto etc. Compreendemos, assim, a importância do papel do professor como mediador – em outras palavras, como aquele que cria atividades que levam o aluno a ampliar o conhecimento compartilhado com o escritor do texto-alvo. Com isso, quanto maior for a área de interseção que une o conhecimento do autor e o do leitor de um texto, maior será a probabilidade de o leitor extrair significado do que ele lê (Nuttall, 2000, p. 6-7).

3.2.2 Diferentes textos, diferentes objetivos, diferentes maneiras de ler

Normalmente, temos um objetivo que nos leva a ler determinado texto, e esse objetivo tende a determinar a maneira como o lemos. Mesmo quando aparentemente não temos objetivo algum para ler certo texto, ainda assim o gênero a que esse texto pertence e as circunstâncias da leitura nos levam a lê-lo de uma maneira mais displicente ou mais cuidadosa.

Ao comprarmos um jornal, por exemplo, lemos as manchetes para decidirmos quais reportagens nos interessam. Ao lermos a relação dos filmes que estão passando nos cinemas da cidade, procuramos o horário e o local de projeção daquele que queremos assistir. Se um amigo nos envia um *e-mail*, lemos seu *e-mail* para sabermos quais são suas novidades. Quando desejamos preparar um novo prato para o almoço, lemos a receita que traz os ingredientes necessários e o modo de prepará-lo. No colégio ou na faculdade, lemos textos e livros para fazermos resumos e resenhas, e assim por diante.

De fato, passamos muito mais tempo envolvidos com a leitura do que nos damos conta. Porém, é importante observar que o motivo que nos leva a ler um texto também determina como nós o lemos. Ou seja, usamos diferentes estratégias de leitura para acessarmos diferentes textos.

A leitura das manchetes de um jornal é feita de maneira rápida, enquanto buscamos informações gerais que nos estimularão a ler o texto ou não – estratégia que chamamos de *skimming*. Ao lermos a relação de filmes disponíveis nos cinemas da cidade, utilizamos a estratégia de *scanning* para descobrirmos informações específicas sobre aquele que queremos assistir. Ao lermos um livro para fazer um resumo ou uma resenha, faremos uma leitura mais lenta e cuidadosa, buscando obter uma compreensão mais aprofundada sobre o texto; às vezes, até relendo algumas partes para termos certeza de que as compreendemos bem.

O fato de existirem diferentes textos que determinam diferentes maneiras de ler é uma realidade em língua materna e também em língua estrangeira. Sendo assim, ao tratarmos de leitura em língua estrangeira, precisamos refletir sobre:

a. a importância de darmos a nossos alunos outros objetivos de leitura que não se restrinjam apenas a responder perguntas de compreensão;
b. a necessidade de discutir com nossos alunos o motivo pelo qual eles lerão determinado texto;
c. as vantagens de compartilharmos com nossos alunos diferentes estratégias de leitura.

Alunos de língua estrangeira também precisam ter clareza sobre o objetivo para ler os textos que lhes forem apresentados. Além disso, eles também precisam ser expostos a diversos tipos de textos: curtos e longos; alguns mais fáceis e outros mais complexos; textos originais e adaptados – a fim de poderem exercitar as várias estratégias que estão à disposição de um leitor experiente.

3.3 Vantagens da leitura em língua estrangeira

No que diz respeito ao processo de aprendizagem de um idioma, a leitura é uma habilidade que traz muitas vantagens. Além de possibilitar o acesso a informações referentes a diferentes áreas de interesse, ler textos em uma língua estrangeira é um eficiente meio de expandir conhecimento vocabular e internalizar a maneira muito própria com que cada idioma se estrutura.

O aluno de língua estrangeira que adquire o hábito de leitura na língua-alvo tem muito mais chances de estar exposto à língua fora da sala de aula – o que aumenta consideravelmente suas chances de sucesso quanto ao aprendizado do idioma. Além disso, da mesma maneira que a habilidade de leitura que um aluno possui em sua língua materna influencia seu processamento de leitura na língua estrangeira, a habilidade de leitura que ele adquirir em língua estrangeira também influenciará sua prática de leitura na língua materna. Ou seja, se o professor de língua estrangeira trabalhar a leitura de forma bem embasada em suas aulas, ele indiretamente também estará contribuindo para que seus alunos se tornem melhores leitores de textos em português.

Talvez a leitura seja a habilidade da qual alunos de língua estrangeira mais amplamente poderão beneficiar-se. Basta andar pelas ruas de praticamente qualquer cidade brasileira para perceber a marcante presença da língua inglesa nas propagandas, nos nomes de estabelecimentos comerciais, nos dizeres escritos nas roupas, sem contar a quantidade de informações que podemos obter em inglês na internet. No Brasil, a presença do francês, do espanhol, do italiano ou do alemão até pode não ser tão visível quanto a presença do inglês. Porém, qual seria a maneira mais fácil para um aluno brasileiro que estuda francês ou alemão, por exemplo, ter acesso à cultura e a notícias da França e da Alemanha, sem sair do país? Lendo! E se essa leitura é realizada na língua-alvo, tanto melhor.

É certo que um obstáculo à leitura em uma língua estrangeira poderia ser a dificuldade de acesso a revistas e livros importados e o alto custo desses materiais. No entanto, com a disseminação da internet, o acesso à informação foi facilitado. Nos milhões de sítios disponíveis na internet, podemos encontrar oportunidades de divertimento, de estudo e de conhecimento geral. Mas, para que nossos alunos sintam-se aptos a usufruírem as vantagens de ler em uma língua estrangeira, é essencial que essa habilidade seja exercitada em nossas aulas.

3.4 Processos de leitura: *bottom-up* e *top-down*

No final da década de 1960, Kenneth Goodman (1970) cunhou os termos *bottom-up* e *top-down* para referir-se a dois processos de leitura distintos, que ocorrem tanto na leitura em língua materna quanto na leitura em língua estrangeira.

Em uma leitura *bottom-up*, o leitor leria o texto linearmente – identificando as letras, percebendo que as letras formam palavras e que as palavras formam orações, as orações formam sentenças, as sentenças formam parágrafos e os parágrafos formam o texto. Para que um texto fizesse sentido, o leitor teria que ir dominando, então, unidades linguísticas das mais simples às mais complexas, sempre de maneira ascendente: da junção de letras, ele processaria as palavras; do reconhecimento das palavras, ele processaria as orações; do processamento das orações, ele compreenderia o significado das sentenças e, finalmente, a partir do conjunto de sentenças, ele processaria o texto como um todo.

Diferentemente, uma leitura *top-down* não exigiria um processamento linear do texto por parte do leitor. Este acessaria o texto de uma maneira mais global, a partir de seu conhecimento prévio. Portanto, o leitor não precisaria ler todas as letras em uma palavra ou todas as palavras em uma sentença para compreender o texto. À proporção que ele fosse lendo o texto, ele empreenderia um processo psicolinguístico de criação e confirmação ou refutação de hipóteses acerca do desenvolvimento textual. Por exemplo, pelo contexto, o leitor poderia inferir qual palavra completaria uma sentença, sem ter que processar cada letra que formasse tal palavra para só assim compreendê-la. Se a hipótese se confirmasse, ele prosseguiria com a leitura; caso contrário, ele releria a sentença buscando mais pistas para processá-la. O interessante é que para confirmar se uma palavra completaria uma sentença, o leitor precisaria apenas ler suas duas ou três primeiras letras. Dessa maneira, o processamento *top-down* aceleraria a leitura de um texto.

> Você já se perguntou a qual desses processos você tem dado mais ênfase em suas aulas? Seja qual for, o importante é refletir e ter presente o porquê da opção por um ou por outro.

Atualmente, a **leitura interativa** propõe uma junção dos processos *bottom-up* e *top-down*. O leitor deve ser incentivado a recorrer a um ou a outro durante a leitura de qualquer texto. Quanto mais pistas textuais o leitor puder reconhecer, ou seja, quando o texto proporcionar um bom estímulo, o processamento *bottom-up* deve ser incentivado. Porém, quando o texto for muito obscuro para o leitor, há sempre a possibilidade de inferir, deduzir e criar hipóteses sobre o conteúdo desse texto, sem tentar entender palavra por palavra. A utilização de uma abordagem de leitura *top-down* minimiza as dificuldades impostas pelas limitações linguísticas do leitor, muito comuns em níveis iniciantes, mas não deve ser tratada como prioridade em aulas de leitura.

A escolha do material de leitura é muito importante. Textos um pouco acima do nível linguístico dos alunos contribuirão para que eles automatizem estratégias de processamento *bottom-up*, utilizando estratégias de processamento *top-down* apenas como um recurso compensatório, para lidar com dificuldades linguísticas que o texto eventualmente apresente.

3.5 Ler em voz alta ou silenciosamente?

Alguns professores de língua estrangeira solicitam com frequência que seus alunos leiam textos em voz alta, em sala de aula. Esses professores acreditam que a leitura em voz alta contribui para o aprimoramento da pronúncia na língua-alvo – o que faz sentido. Contudo, a questão que se coloca diz respeito à concepção de leitura desses professores, o que eles compreendem por ler e o quanto já estudaram sobre o ensino dessa habilidade.

Atividades de leitura devem, como vimos no item anterior, ter como objetivo primeiro atribuir significado ao texto. Quando lemos em voz alta, preocupamo-nos com nossa pronúncia e entonação, mas não com o conteúdo do texto. Se o professor, então, tratar sistematicamente a leitura em suas aulas como atividade de desenvolvimento de pronúncia, ele pouco estará contribuindo para o desenvolvimento da habilidade de compreensão de textos de seus alunos. Além disso, as interrupções constantes do professor, para corrigir a leitura dos alunos, acabariam por frustrá-los.

Em resumo, a **leitura em voz alta** pode ser praticada em sala de aula, mas não como principal atividade atrelada ao ato de ler. Ler vai muito além de pronunciar corretamente os símbolos gráficos de um texto. **Ler** requer a **capacidade** de:

a. fazer inferências, deduções e paráfrases;
b. distinguir o que está implícito do que está explícito;
c. identificar o ponto central do texto e as ideias que o suportam;

d. perceber como um texto foi estruturado.

Nesse cenário, é importante ponderar a que você tem dado mais ênfase em suas aulas de leitura. Pronúncia, tradução ou compreensão? Além disso, quais das capacidades mencionadas acima você tem feito seus alunos exercitarem?

Ou seja, o principal papel do professor em uma aula de leitura não é corrigir a pronúncia de seus alunos, mas sim servir como mediador de vários processos cognitivos inerentes ao ato de ler.

3.6 Qual abordagem utilizar: leitura intensiva ou leitura extensiva?

A resposta para essa pergunta deve levar em consideração vários fatores relativos a crenças acerca do que é necessário para os alunos desenvolverem sua habilidade de leitura em uma língua estrangeira, as condições e os recursos de ensino disponíveis e, certamente, o nível linguístico dos alunos.

A abordagem de **leitura intensiva** é a mais utilizada em aulas de língua estrangeira. Por intermédio dessa abordagem, buscamos obter o **máximo de compreensão textual**, tratando a compreensão de textos como um processo que envolve três etapas: uma anterior à leitura, uma que ocorre durante a leitura e uma que sucede a leitura. Em cada uma dessas etapas, é papel do professor exercer uma mediação entre o texto e os seus alunos, levando-os a galgar diferentes níveis de compreensão em cada uma delas.

Algumas das atividades que os professores poderiam utilizar em suas aulas de leitura intensiva de textos envolvem a identificação de dicas tipográficas, reconhecimento de ideias principais e secundárias, reconhecimento das conjunções e de suas funções em um texto, observação das marcas de coesão textual na superfície dos textos e discussão acerca do que é claramente afirmado e do que apenas é deixado subentendido nos textos.

Faz parte das crenças dos professores que adotam essa abordagem, segundo Aebersold e Field (1998, p. 42), supor que:

a. é necessário que cada texto em uma língua estrangeira seja completamente compreendido para que os alunos melhorem sua compreensão de textos;
b. os professores é que estão capacitados para escolherem quais textos são apropriados para melhorar a capacidade de leitura dos alunos;
c. e, finalmente, a qualidade da compreensão do texto é mais importante do que a quantidade de leitura realizada.

A **leitura extensiva**, por sua vez, envolve uma grande quantidade de leitura que é realizada com o intuito de se **obter a ideia geral**. Não são objetivos de uma abordagem de leitura extensiva compreender profundamente os textos lidos, buscar o significado de cada palavra nova no dicionário ou traduzir os textos lidos para a língua materna. Segundo Aebersold e Field (1998, p. 42), faz parte das crenças dos professores que adotam essa abordagem supor que:

a. seja necessário que os alunos leiam mais de quatro textos por semana;
b. a habilidade de leitura dos alunos melhora quando eles têm um propósito real para ler;
c. extrair a ideia geral ou as ideias principais de um texto é suficiente para aprimorar habilidades de leitura;
d. os alunos de língua estrangeira são capazes de escolher os textos que leem.

Um projeto de leitura extensiva requer um grau mais avançado de proficiência na língua estrangeira, além de autonomia e de senso crítico por parte dos alunos para buscarem textos que sejam apropriados ao seu nível linguístico e interesse. O acesso a textos na língua-alvo deve ser fácil. Portanto, é bom lembrar que, como livros, revistas e jornais estrangeiros podem ser caros, podemos sempre contar com a internet.

Essa abordagem toma a leitura como um meio para um fim. Lê-se para fazer um debate, para comparar opiniões, para fazer um resumo ou uma apresentação oral em sala, para escrever um texto etc. Há sempre um objetivo claro a ser cumprido após a leitura, que deverá ser realizada fora da sala de aula e envolver várias páginas de textos, que fornecerão as informações e o conhecimento necessário para que os alunos realizem a tarefa proposta pelo professor.

3.7 Quais textos são mais eficientes para o desenvolvimento da leitura em língua estrangeira: textos originais ou modificados?

Ao tratar da questão acima, é importante, primeiramente, esclarecer que **textos originais** não sofrem adaptações que tornem sua compreensão mais fácil para alunos estrangeiros. Eles são retirados de contextos de uso da língua por e para nativos. Já os **textos modificados** são adaptados para melhor se adequarem aos diferentes níveis linguísticos peculiares a alunos de línguas estrangeiras. As principais modificações que esses textos sofrem dizem respeito à escolha vocabular, optando-se por palavras de uso mais frequente e ao uso de estruturas gramaticais menos complexas.

Os **textos modificados**, geralmente, estão presentes nos materiais didáticos, e isso facilita a vida do professor, que não precisará coletar e adaptar textos para trabalhar com seus alunos. Por serem mais simples, textos modificados são geralmente mais comuns em níveis iniciantes – o que não significa que textos originais não possam ser utilizados com alunos iniciantes. Vale observar que a inclusão de textos originais pode oferecer desafios interessantes para alunos de língua estrangeira, além de adicionar aspectos culturais dos países onde se fala a língua-alvo.

Se decidir trabalhar com **textos originais**, o professor deve refletir sobre os seguintes aspectos: nível linguístico dos alunos, escolha do gênero textual, clareza acerca do objetivo esperado com a leitura do texto, tempo disponível para lidar com o texto escolhido.

- **Nível linguístico dos alunos:** textos originais podem ser utilizados por alunos iniciantes, intermediários ou avançados, porém devemos observar o nível de complexidade da tarefa exigida.
- **Escolha do gênero textual:** podemos escolher desde artigos de revistas até receitas de pratos típicos, passando por tabelas, propagandas, *menus* de restaurantes etc. O professor deve escolher o gênero que melhor contribua para que seus alunos cumpram de maneira bem-sucedida os objetivos propostos para a atividade de leitura. Por exemplo, se ele quiser que seus alunos estejam atentos a contextos em que números aparecem, ele poderá escolher tabelas de horários de metrôs; panfletos de museus, observando o horário de funcionamento; ou mesmo trabalhar com propagandas de lojas que trazem preços de produtos em promoção. Se, por outro lado, ele desejar que seus alunos aumentem seu banco de vocabulário relativo à comida, poderá trazer receitas típicas do país da língua-alvo para a sala de aula. Ou, ainda, para finalizar essa série de exemplos, se o professor quiser que seus alunos de nível intermediário e avançado comparem notícias estrangeiras e nacionais, ele poderá solicitar que eles leiam uma notícia de um jornal estrangeiro sobre um tema referente ao Brasil, a fim de comparar o conteúdo e o tom da notícia estrangeira com o conteúdo e o tom da notícia divulgada no Brasil.
- **Clareza acerca do objetivo esperado com a leitura do texto:** muitos são os objetivos possíveis, e estes devem estar atrelados ao nível linguístico dos alunos, que por sua vez deve definir a complexidade da tarefa:

a. circular cognatos;
b. identificar informações específicas;
c. observar o aspecto visual da organização das informações etc.

~ **Tempo disponível para lidar com o texto escolhido:** para que uma tarefa seja bem executada, o professor deve programar de forma precisa e adequada o tempo que seus alunos necessitarão para desempenhá-la. Apressar os alunos para que eles deem conta rapidamente de uma tarefa complexa para o nível linguístico deles ou de uma tarefa longa demais, apenas contribuirá para deixá-los ansiosos e frustrados.

É sempre bom lembrar!
Um bom projeto de leitura pressupõe conhecimento sobre nossos alunos.

É importante que o professor de leitura colete o máximo de informação sobre seus alunos no início do curso. Informações que devem orientá-lo acerca de como conduzir o aprimoramento da habilidade de leitura de seus alunos. É útil investigar sobre a vida familiar dos alunos: Os pais leem jornais, revistas, livros? Com que frequência? A família compartilha o que lê? Os pais dos alunos contavam histórias para eles quando eram crianças? Também é importante investigar os próprios alunos: Eles leem regularmente? O quê? Gostam de ler? Por quê? Por que não? Especificamente para alunos de língua estrangeira: Os alunos já leram algo escrito na língua que estão estudando? Qual a importância que eles atribuem à leitura em língua estrangeira? Eles se sentem capazes para ler textos adequados ao nível linguístico deles? Ou geralmente alegam, antes mesmo de tentarem, que não conseguirão compreender um texto escrito em outra língua que não o português?

Um bom professor de leitura em língua estrangeira é um bom observador. Ele observa como seus alunos reagem ao se depararem com vocabulário novo, expressões idiomáticas e estruturas gramaticais mais complexas. Ele observa se seus alunos tentam driblar as dificuldades que o texto lhes apresenta ou se param a leitura a cada dificuldade encontrada. Os alunos reclamam muito que não conseguem compreender o texto? E quanto ao uso do dicionário, os alunos utilizam o dicionário com muita frequência ou esperam que ele, o professor, traduza todas as palavras desconhecidas do texto, ao invés de tentarem inferir o significado dessas palavras pelo contexto?
A coleta desses dados leva o professor a refletir sobre como seus alunos vivenciam o processo de leitura. Além disso, com essas informações em mãos, ele também pode planejar ações para minimizar experiências frustrantes que seus alunos possam vir a associar com o ato de ler em uma língua estrangeira.

Lidar com a leitura como processo pressupõe um tempo maior de exposição ao texto. Por isso, divide-se o trabalho com o texto em atividades que antecedem a leitura, atividades que são desenvolvidas durante a leitura e atividades que seguem a leitura. Em cada uma dessas fases, o professor deve ter objetivos claros em relação ao que esperar de seus alunos. São esses objetivos predeterminados que definirão o tipo de atividade que, você, professor, utilizará em sala.

Passaremos agora, então, a comentar sobre alguns exemplos de atividades que podem ser utilizadas em cada uma das etapas de trabalho com o texto.

3.8 Antes da leitura

Este é o momento de preparar os alunos para a leitura do texto. Um bom trabalho de pré-leitura é essencial para que o aluno construa hipóteses, com base em seu conhecimento prévio acerca do texto a ser lido.

3.8.1 Conhecimento prévio

Elicitar o conhecimento prévio dos alunos acerca dos textos que eles lerão é de primordial importância, pois eles podem utilizar esse conhecimento para elaborar hipóteses sobre o conteúdo a ser trabalhado. Nesse sentido, o professor pode propor que seus alunos discutam sobre as características do gênero do texto que eles lerão. Essa atividade traz à tona o esquema mental dos alunos a respeito do gênero-alvo.

Os gêneros, segundo Swales (1990, p. 53), são "eventos comunicativos culturalmente reconhecíveis". Dois aspectos caracterizam gêneros como eventos sociais:

a. eles são empregados para atingir propósitos sociais;
b. eles possuem uma estrutura organizacional que é reconhecida pelos membros de uma dada comunidade.

Duas outras características dos gêneros textuais foram mencionadas por Bakhtin (1997), que definiu gêneros como "tipos de textos relativamente estáveis":

- **estáveis** porque eles têm características identificáveis;
- **relativamente** porque, uma vez que a língua está sempre se adaptando para que os falantes possam continuar atingindo plenamente seus objetivos comunicativos, os gêneros – que são os meios segundo os quais a língua se organiza para que eles atinjam tais objetivos – também sofrem modificações determinadas sócio-historicamente.

Imaginemos que o livro didático que você adota traz uma atividade de compreensão de texto com base em um anúncio de emprego. Nesse caso, como atividade de pré-leitura, você poderia perguntar a seus alunos se eles sabem quais tipos de informação compõem um anúncio de emprego. Você também poderia trazer um anúncio de emprego em português, para que os alunos pudessem identificar tais informações e posteriormente buscá-las no anúncio em inglês. Você, por fim, poderia colocar algumas palavras no quadro para que os alunos selecionassem dentre elas quais eles imaginariam encontrar em um anúncio de emprego.

Exemplificando

~ Circule as palavras que você imagina poder encontrar em um anúncio de emprego. Justifique suas escolhas.

responsibilities, qualifications, background, select, student, free time, career, seek, search, buy, resumé, advertise.

3.8.2 Dicas tipográficas

Quando nos deparamos com um texto, não são apenas as palavras desse texto que carregam conteúdo. Muitos textos trazem **dicas tipográficas**: **imagens**; **diferentes tamanhos, cores e fontes de letras**; **palavras digitadas em negrito, em itálico ou sublinhadas**; **números** e até o próprio **formato do texto**. Essas dicas tipográficas organizam as informações do texto de uma forma mais atraente, ressaltando o que há de mais importante. Por isso, buscar informação sobre o texto analisando as dicas tipográficas é uma importante estratégia de leitura a ser desenvolvida.

Exemplificando

~ Observe o texto a seguir e responda: Você arriscaria dizer que tipo de texto é este sem lê-lo? Dê seu palpite e, em seguida, leia-o e responda: Qual é o assunto deste texto?

Energy boost. New from V10: vigor ten, multiple vitamin-filled, a hundred percent juice drinks. Energy boost packs caffeine and guarana. Nutrition boost contains vitamin E, calcium and potassium. Available in eight-ounce, single-serve cans (four dollars) and four-pack (ten dollars) in supermarkets.

Agora vejamos o **texto original**. Você pode verificá-lo na sequência. Responda às duas questões anteriores. Ficou mais fácil agora, não ficou? Por quê? Porque o texto original está repleto de dicas tipográficas. Você consegue identificá-las?

Energy boost
New from V10: vigor10, multiple vitamin-filled, a 100% juice drinks. Energy boost packs caffeine and guarana. Nutrition boost contains vitamin E, calcium and potassium. Available in eight-ounce, single-serve cans ($ 4) and four-pack ($ 10) in supermarkets.

3.8.3 Palavras cognatas

Identificar palavras cognatas ao ler um texto em língua estrangeira pode contribuir muito para baixar o filtro afetivo dos alunos em geral. Se os alunos reconhecerem essas palavras, mesmo textos mais complexos podem parecer menos desafiadores, pois eles poderão fazer algumas inferências sobre o conteúdo a partir das palavras que conseguem identificar. É importante que professores de língua estrangeira acostumem seus alunos a identificarem os cognatos nos textos que eles leem. Se essa for uma prática constante, logo os alunos perceberão que a presença dos cognatos é mais frequente do que eles poderiam supor.

Palavras cognatas são muito comuns em inglês. Mas o que justificaria a presença marcante de palavras cognatas em inglês? Uma língua cuja origem é anglo-saxã? A título de curiosidade, o grande número de palavras de origem latina em textos escritos em língua inglesa pode ser melhor compreendido se lembrarmos dos quase 350 anos de presença romana em Londres. Os romanos chegaram à Inglaterra por volta do ano 43 d.C., fundaram Londinium, que depois viria a ser conhecida como Londres, e lá permaneceram até o início do século V, quando eles deixaram a região e voltaram para Roma (Escott, 2001).

Exemplos de palavras cognatas

Inglês	**Português**
Chocolate	Chocolate
Radio	Rádio
Professor	Professor
Product	Produto
Telephone	Telefone
Television	Televisão
Program	Programa
Reunion	Reunião
Family	Família

Como atividade de pré-leitura, a identificação de palavras cognatas no texto-alvo pode preparar os alunos para uma segunda leitura mais criteriosa, tendo como base as palavras previamente identificadas.

Exemplificando

Utilizando o texto a seguir transcrito, é possível que os alunos exercitem o reconhecimento de palavras cognatas. Para isso, devemos, por exemplo, pedir ao aluno que:

1. Leia o texto rapidamente e circule as palavras cognatas.
2. Volte ao texto e leia cuidadosamente cada uma das sentenças que contêm cognatos. Que **profissional** a empresa está procurando? O que as **pessoas** selecionadas devem esperar da empresa? Quais são os pré-requisitos que os candidatos devem possuir para serem selecionados?

Texto Insurance and Financial Services Bilingual

New Star Life Insurance Company is currently seeking bilingual (English/French) sales professionals.
New Star Life and its affiliated companies provide a variety of insurance and other financial products and services to businesses and individuals.
Persons selected may expect a comprehensive training and development programs, generous benefits, and the potential to earn an unlimited income.
Applicants should have a background in business, education or sales, and possess excellent communication skills in both English and French.
Management opportunities are available for those who qualify after a period in sales. **For immediate consideration, send your résumé to:**

~ Palavras cognatas nesse texto: financial, services, bilingual, professionals, variety, products, services, individuals, programs, potential, education, excellent, communication, opportunities, period, immediate, consideration.

Após termos enfatizado aqui a importância de solicitar que nossos alunos identifiquem os cognatos, gostaríamos de lembrá-los das "armadilhas" que os falsos cognatos podem representar para leitores de línguas estrangeiras. Em inglês, *actually* significa *realmente* e não *atualmente*; *parents* significa *pais* e não *parentes*. Em espanhol, os falsos cognatos são conhecidos como falsos amigos. Por exemplo: *concertar* não é *consertar*, mas *combinar*; *rato* não é *rato*, é *momento*.

Falsos cognatos na internet

SHÜTZ, R. **Falsos cognatos**: inglês e português. 5 maio 2006. Disponível em: <http://www.sk.com.br/sk-fals.html>. Acesso em: 4 dez. 2007. Nesse *site*, você encontra exemplos de falsos cognatos: português-inglês/inglês-português.

PUNTOYCOMA. **Número 47 Colaboraciones**. Disponível em: <http://ec.europa.eu/translation/bulletins/puntoycoma/47/pyc476.htm>. Acesso em: 4 dez. 2007. Nesse *site*, você encontrará exemplos de falsos cognatos: português-espanhol/espanhol-português.

3.9 Durante a leitura

Atividades que ocorrem durante a leitura têm como objetivo guiar os alunos em diferentes níveis de compreensão do texto. Nessa fase, várias estratégias de leitura podem e devem ser usadas para que gradativamente os alunos possam ir se familiarizando com o conteúdo proposto. Veremos na sequência algumas estratégias e exemplos de atividades que professores de língua estrangeira (e também de língua materna) podem utilizar no processo de mediação durante a leitura.

3.9.1 *Skimming* e *Scanning*

Como mencionamos anteriormente, no início deste capítulo, *skimming* diz respeito a uma leitura rápida em busca de informações gerais sobre o texto. Já *scanning* envolve a leitura de um texto com o objetivo de encontrar informações específicas. Em nossa língua materna, nós facilmente usamos essas duas estratégias ao lermos um jornal. Nós usamos *skimming* ao lermos as manchetes e rapidamente trechos de alguns artigos até escolhermos um que leremos com mais atenção. Durante essa leitura rápida em busca da ideia geral do texto, nós não nos atemos aos detalhes do texto nem à forma como ele foi construído para transmitir uma mensagem. Quando, por outro lado, abrimos o jornal na página de esportes para saber o resultado de determinado jogo ou na seção de classificados a fim de procurarmos, digamos, se há alguém interessado em vender um teclado seminovo da marca que estamos procurando, usamos *scanning* ao passarmos rapidamente os olhos pela página enquanto procuramos as informações específicas que nos interessam.

Exemplificando

Esta é uma maneira de exercitar o *skimming* e *scanning*

~ Leia rapidamente os três textos que seguem e responda:

Skimming

a. Eles são propagandas, anúncios ou *e-mails?*
b. Onde você poderia encontrar esses tipos de texto?

Scanning

a. Quais são os **profissionais** procurados?
b. Quais são os **nomes das empresas** que buscam tais profissionais?

c. Um candidato poderia enviar seu **currículo por *e-mail*** para as **três** empresas?

d. Qual é a **forma de contato** que cada uma das empresas oferece?

DRIVERS NEEDED!

Truck Enterprises, a proven
leader in the transportation industry, has IMMEDIATE openings
for REGIONAL drivers!

Home weekly – GREAT pay
Consistent lifestyle
You've tried the rest now come
work for the **BEST**!
CALL TODAY!

1-800-222-222, ext. 201

Insurance and Financial Services: Bilingual

New Star Life Insurance Company is currently seeking bilingual (English/French) sales professionals. New Star Life and its affiliated companies provide a variety of insurance and other financial products and services to businesses and individuals. Persons selected may expect a comprehensive training and development program, generous benefits, and the potential to earn an unlimited income.	Applicants should have a background in business, education or sales, and possess excellent communication skills in both English and French. Management opportunities are available for those who qualify after a period in sales. **For immediate consideration send your résumé to:** Lucy Brown New Star Life Insurance Co. 1517, Oak Street. Toronto, Ontario M9W 6K5

Palm Tree Public Schools
Your education is in our hands

TEACH NEAR THE
THE BEACH
West Palm Beach,
Florida

Teacher
Recruitment Fair
May 11, 12 & 13 2007
Visit our Web Site
for more information and
to apply on-line:
www.palmtreepublicschools.com/teacher
Experience Palm Tree!

3344

Vale a pena observar que as informações selecionadas para praticar a estratégia de *scanning* nessa atividade não exigiam uma leitura cuidadosa do texto. O esperado era que os alunos lessem as perguntas, observando em cada uma delas qual informação eles deveriam procurar no texto.

Após essa leitura mais superficial, o professor pode pedir para os alunos relerem, agora mais cuidadosamente, os três anúncios. Em seguida, solicitar que relatem quais informações cada anúncio traz, observando quais delas aparecem nos três anúncios. Pode ainda solicitar que preencham, com informações do anúncio, um quadro como o que apresentaremos a seguir.

Exemplificando (*Scanning*)

	Truck Enterprises	New Star Life Insurance Co.	Palm Tree Public Schools
Information about the company			
Professional required			
Responsibilities			
Qualifications			
Assets			
Period to apply			
Slogan			
Contact			

3.9.2 Quebra-cabeça

Uma atividade útil a ser feita durante a leitura é aquela que contribui para que o aluno perceba como o texto se organiza, ou seja, como as diferentes partes do texto relacionam-se entre si, a fim de contribuir para a ideia central dele. Uma maneira de levar os alunos a desenvolverem essa percepção é solicitar que eles organizem o texto ou parte do texto levando em consideração pistas textuais. Em inglês, nós chamamos essa estratégia de *jigsaw reading*.

Exemplificando

Na sequência, você encontra um artigo de jornal intitulado ***Stadium inspection finds no immediate danger**** e uma

* Este artigo foi retirado do jornal *Miami Herald* (3B – Wednesday, October 4, 2006). Para conferir, veja o texto na ordem correta e com as palavras que indicam a sua progressão ressaltadas.

maneira de exercitar a estratégia de quebra-cabeça com o aluno. Vamos realizá-la!

~ Coloque os parágrafos em ordem.

~ Circule as palavras que comprovam a progressão do texto.

( ) Flavio Gomez, the department's building division director, agreed with stadium officials' assessment that rusted rebar expanded and pushed out the concrete, but said "there's no chance, in our opinion, that it will create the collapse of the main structure."

( ) Gomez said if engineer finds repair work is necessary the county will ask them to get a permit for repairs so the county can do a final inspection.

( ) The county told Dolphin Stadium officials to hire a private engineer to scour the stadium and come back with a report on any damage and remedies to fix the damage. They asked that the report be filed with the county prior to the next sporting event there, a Miami Dolphins game on Oct. 22.

( ) An inspector with the Miami-Dade County Building Department toured the spot where a small piece of concrete fell on a woman's head Sunday during a Florida Marlins game at Dolphin Stadium and determined there was no immediate danger to the public.

Agora, vamos ler o artigo para conferirmos a atividade feita.

Texto: Referente à atividade **Quebra-cabeça**

Stadium inspection finds no immediate danger
From Miami Herald Wire Services

An inspector with the **Miami-Dade County Building**

Department toured the spot where a small piece of concrete fell on a woman's head Sunday during a Florida Marlins game at Dolphin Stadium and determined there was no immediate danger to the public.

Flavio Gomez, the department's building division director, agreed with stadium officials' assessment that rusted rebar expanded and pushed out the concrete, but said "there's no chance, in our opinion, that it will create the collapse of the main structure."

The county told Dolphin Stadium officials to hire ***a private engineer*** to scour the stadium and come back with a report on any damage and remedies to fix the damage. They asked that the report be filed with the county prior to the next sporting event there, a Miami Dolphins game on Oct. 22.

Gomez said if ***engineer*** finds repair work is necessary the county will ask them to get a permit for repairs so the county can do a final inspection.

Outras formas de desenvolver a percepção dos alunos quanto à organização do texto incluem:

a. embaralhar as frases de um parágrafo e pedir que os alunos organizem as sentenças na ordem correta;
b. retirar a primeira frase de cada parágrafo e fornecê-las separadamente para que os alunos decidam a qual parágrafo cada uma delas pertence.

3.9.3 Prevendo a continuação do texto

Leitores experientes estão constantemente criando hipóteses acerca do texto-alvo. À medida que leem, eles comprovam ou refutam as hipóteses que criaram. Essa capacidade de elaborar hipóteses está relacionada ao conhecimento prévio do leitor em relação ao seu conhecimento linguístico – eles sabem como a língua se estrutura – e também com relação ao seu conhecimento prévio acerca do tema tratado no texto.

Quando estamos desenvolvendo estratégias de leitura em uma língua estrangeira, pode ser divertido, além de ser muito útil, elaborar atividades com o objetivo específico de despertar os leitores para a importante habilidade de elaborar hipóteses sobre o desenrolar do texto.

Exemplificando (Prevendo a continuação do texto)

Atenção: para que este exercício cumpra a função de levar os alunos a criarem hipóteses que serão confirmadas ou refutadas durante a leitura, é importante que o professor instrua-os a cobrirem todo o texto, descobrindo-o à medida que eles forem considerando as alternativas.

~ Cubra todo o texto (o texto completo encontra-se no final deste exercício). Para iniciar, deixe apenas a primeira linha da primeira coluna descoberta. Leia a frase e descubra a primeira linha da segunda coluna para decidir qual das três frases dará continuidade ao texto. Então, descubra a segunda linha da primeira coluna e depois a segunda linha da segunda coluna. Siga assim até o final do texto e em seguida confira com o original.

George never liked work very much.	( ) At school, he was always a good student. ( ) He hated waking up early. ( ) At school, he was always at the bottom of his class.

At school he was always at the bottom of his class. Then he went and worked in an office,	( ) and he worked really hard. ( ) near his house. ( ) but he did not do much work there.
There were big windows in the office, and	( ) he spent the day looking out of the windows. ( ) there was a street below them. ( ) he sat by one of them.
There were always a lot of people and cars and buses in the street, and George liked sitting at his desk and looking at them.	( ) George's boss didn't like his attitude. ( ) George had a friend. ( ) George worked hard.
George had a friend. His name was Peter, and he worked in the same office, but he was very different from George.	( ) He hated looking at the window. ( ) He worked very hard. ( ) He was very responsible.
Last Tuesday George stood at one of the windows of the office for a long time. Then he said to his friend Peter, "There's a very lazy man in the street. He began digging a hole this morning,	( ) and he only finished it now. ( ) and he's still digging it. ( ) but he hasn't done any work for half an hour".

Texto utilizado na elaboração desse exemplo

Texto: Referente à atividade **Prevendo a continuação do texto**

George never liked work very much. At school he was always at the bottom of his class. Then he went and worked in an office, but he did not do much work there.

There were big windows in the office, and there was a street below them. There were always a lot of people and cars and buses in the street, and George liked sitting at his desk and looking at them.

George had a friend. His name was Peter, and he worked in the same office, but he was very different from George. He worked very hard.

Last Tuesday George stood at one of the windows of the office for a long time. Then he said to his friend Peter, "There's a very lazy man in the street. He began digging a hole this morning, but he hasn't done any work for half an hour".

Fonte: Hill, 1980.

3.9.4 Associando figuras e texto

Para alunos que são mais visuais do que auditivos ou sinestésicos, uma boa atividade para ser feita durante a leitura é pedir que os alunos associem figuras a trechos do texto. Vejamos alguns exemplos:

a. **descrição física:** ler quatro ou cinco textos curtos que descrevem uma determinada pessoa e escolher aquele que descreve a pessoa da foto (da figura) que o professor forneceu;
b. **receita:** associar os passos a serem seguidos com imagens que representam as ações;
c. **rotina diária ou de trabalho:** colocar as figuras em ordem conforme a rotina descrita. O grau de dificuldade dessa atividade pode ser ampliado se houver figuras que devem ser excluídas por não representarem nenhuma atividade citada no texto.

Se o livro didático não oferecer atividades desse tipo e você, professor, não possuir talento para desenhar, lembre-se de que sempre podemos recorrer a imagens encontradas em revistas ou a alguém que tenha talento para desenhar, caso em que podemos reproduzir as imagens para o trabalho em sala de aula.

3.10 Após a leitura

O objetivo de atividades feitas após a leitura pode ser o de verificar a compreensão do texto lido, obter uma ideia global do texto, ir além do que foi lido, aprofundar o conhecimento vocabular, integrar habilidades e usar o conhecimento adquirido com a leitura para desenvolver uma atividade de produção escrita ou de produção oral etc. Em outras palavras, há muitos objetivos possíveis a serem atingidos com atividades de pós-leitura. Por isso, é importante variar.

3.10.1 Perguntas de compreensão

Apesar da diversidade de atividades que podem ser feitas para otimizar a leitura de um texto e das múltiplas estratégias a serem trabalhadas no processo de desenvolvimento da habilidade de leitura de alunos de língua estrangeira, muito comumente, infelizmente, o trabalho feito com textos em língua estrangeira resume-se a ler o texto para responder a algumas perguntas de compreensão. Isso precisa mudar – o que não significa que perguntas de compreensão não sejam válidas; a questão é que responder perguntas de compreensão deve ser **uma** das maneiras de verificar o que os alunos apreenderam do texto, e não a única.

Além disso, muitas vezes perguntas de compreensão não dão ao professor a real dimensão de o quanto os alunos compreenderam o texto lido. Penny Ur lembra que muitas vezes as perguntas de compreensão são formuladas de tal maneira que os alunos são capazes de encontrar as respostas no texto, sem compreendê-lo; ou seja, sem ler efetivamente. Isso acontece, segundo Ur (1997, p. 143-144), por dois motivos:

a. o vocabulário utilizado nas perguntas constitui um eco do texto;
b. a estrutura gramatical da pergunta é muito semelhante à estrutura gramatical da resposta encontrada no texto.

Exemplo de texto para a compreensão formulada

He was *fledging* in front of the *dimble* for hours, but the *trinds* simply didn't come to his mind. The editors were pressing him to *wend* his new *qwak* by the end of the *pongh*. They kept *jinting* him to remind him of his deadline. Finally, he decided to turn off his *jintle* to have some piece of mind to *hond* his *qwak*. He didn't want to speak with the editors that day anymore.

Fonte: Ur, 1997, p. 143-144.

Quadro 3.1 – Exemplo de perguntas de compreensão em dois tipos

Perguntas de compreensão: tipo 1	**Perguntas de compreensão: tipo 2**
1. What was he doing for hours? 2. What didn't come to his mind? 3. What were the editors pressing him to do? 4. What did the editors keep doing? 5. Why did he decide to turn of his jintle?	1. What could be the profession of the man in the text? 2. What is the problem described in the passage? 3. What was his deadline? 4. Was he in the same room where his editors were?

Fonte: Ur, 1997.

Embora o texto esteja repleto de palavras inventadas, as perguntas do tipo 1 seriam mais facilmente respondidas do que as perguntas do tipo 2, porque elas requerem apenas reconhecimento de informações no texto, enquanto as do tipo 2 requerem que o aluno seja capaz de inferir e deduzir informações a partir do que ele consegue compreender do texto. As perguntas do tipo 2 também exigem que vocábulos-chave do texto sejam trabalhados para que o aluno possa compreender o que é dito claramente e o que está nas entrelinhas. Em resumo, respondendo corretamente às perguntas do tipo 2, os alunos demonstrarão mais proficiência na leitura do que respondendo corretamente às perguntas do tipo 1.

3.11 Resumos

Após ler um texto, os alunos podem ser requisitados a produzir um resumo. Essa é uma tarefa normalmente difícil mesmo na língua materna, mas sua dificuldade pode ser amenizada com a utilização prévia de algumas estratégias, tais como:

a. solicitar que os alunos sublinhem no texto as ideias principais, por parágrafo;
b. solicitar que os alunos circulem palavras-chave, por parágrafo;
c. solicitar que os alunos observem se há conjunções e de que tipo elas são – um texto explicativo em inglês provavelmente traria palavras como: *because, for this reason, due to the fact that*; já um texto argumentativo em inglês provavelmente traria palavras como: *however, but, even so, nevertheless, although*. Por sua vez, um texto estruturado de forma a apresentar causas e consequências traria palavras como: *thus, therefore, so, consequently*. Identificar essas conjunções contribuiria para os alunos perceberem a organização global do texto – o que os ajudaria ao produzir o resumo.

Outra forma de utilização de resumos como atividade de verificação de compreensão de texto requer que o professor produza duas ou três versões diferentes de resumo para o texto lido. Os alunos lerão cada uma das versões e escolherão a que melhor resume o texto em questão, justificando porque eles optaram por uma versão e não pela outra.

Uma terceira forma de trabalhar com resumos também envolve um trabalho prévio do professor. Porém, com a vantagem de oferecer mais oportunidades de leitura para os alunos, pois, nesse caso, o professor produz um resumo com alguns fatos errados, conforme o conteúdo do texto que os alunos acabaram de ler. Ao lerem o resumo feito pelo professor, os alunos terão que identificar as informações erradas e corrigi-las sem recorrer ao texto. Essa atividade, portanto, exige uma leitura atenta do texto-base – o que deve ser previamente mencionado para os alunos.

3.12 Respondendo ao texto

Após a leitura de um texto, o leitor pode ser requisitado a emitir uma opinião sobre o que leu ou tomar uma atitude em relação ao conteúdo lido.

Retomemos o artigo de jornal apresentado no item 3.9.1 deste mesmo capítulo, durante a leitura. Aquele artigo tratava sobre o acidente ocorrido no Dolphin Stadium. Após ler o artigo, os alunos poderiam escrever uma breve carta a ser publicada no próprio jornal *Miami Herald*, na seção dedicada às cartas dos leitores, expressando como os membros da comunidade estavam se sentindo em relação ao encaminhamento dado ao caso. Em duplas, eles também poderiam encenar uma entrevista entre um repórter do *Miami Herald* e a pessoa que havia se acidentado no estádio. A criatividade do professor é o limite.

3.13 Foco em vocabulário

Bem, agora que já vimos alguns exemplos de atividades que podemos utilizar no processo de leitura, vamos dedicar-nos, na quarta parte deste capítulo, especificamente àquilo que concerne à questão da relação entre conhecimento vocabular e a leitura em língua estrangeira.

Quanto mais palavras os alunos reconhecem ao ler um texto, mais rapidamente eles leem esse texto. Além disso, eles têm mais chance de extrair significado do texto se eles não encontram muitas palavras novas a serem decodificadas. O ensino de vocabulário, portanto, apresenta-se como um fator crucial para o desenvolvimento da habilidade de leitura dos alunos. Contudo, a **escolha** de quais itens de vocabulário ensinar deve ser **criteriosa**, priorizando palavras ricas em conteúdo, tais como:

substantivos, **adjetivos**, **verbos** e **advérbios**, ao invés de preposições e artigos, por exemplo. Também é válido escolher palavras com maior frequência em textos e apresentá-las formalmente de uma maneira que seja relevante para os alunos.

Entretanto, apenas o critério da frequência não é suficiente para determinar de quais palavras os alunos precisarão. Aebersold e Field (1998, p. 138-153) sugerem alguns **princípios** a serem seguidos por professores envolvidos com o **ensino de vocabulário** associado à **leitura**. Segundo os autores, o trabalho com **vocabulário** deve ocorrer durante os **três estágios** que organizam o processo da leitura mediada: antes da leitura, durante a leitura e após a leitura (Aebersold; Field, 1998, p. 138-153).

3.13.1 Antes da leitura

Nesse estágio, o professor decide quais palavras ensinar. Ao selecionar um texto, ele reflete sobre quais palavras seus alunos já conhecem, quais palavras seus alunos precisam reconhecer e quais palavras seus alunos precisam saber usar para atingirem os parâmetros relativos ao vocabulário estabelecidos pelo curso.

Ao planejar uma atividade para ensinar previamente palavras novas a seus alunos, o professor deve perguntar-se sobre que tipo de vocabulário está sendo ensinado, quais tarefas ele espera que os alunos desempenhem, quais palavras são fornecidas aos alunos e quais eles precisam buscar, e onde.

Existem **três tipos de palavras** que aparecem frequentemente em textos: palavras relacionadas ao tema do texto ou tópico-específicas; palavras que formam nosso vocabulário passivo ou receptivo; palavras que formam nosso vocabulário ativo.

- **Palavras relacionadas ao tema do texto ou tópico-específicas**
  - Por exemplo, em um texto sobre um aeroporto, palavras como *flight*, *airline*, *arrival*, *departure*, *delayed*, *land* e *take off* teriam

grande chance de aparecer, pois são tópico-específicas. Logo, elas devem ser ensinadas antes da leitura do texto, para que os alunos possam reconhecê-las ao ler o texto.

- Lembram Aebersold e Field (1998, p. 140) que, quando o professor elicita o conhecimento prévio dos alunos no que se refere ao tópico do texto, ele cria o conceito ou o significado de palavras tópico-específicas na mente dos alunos, que passam a sentir a necessidade de saber aquelas palavras – o que facilita a aprendizagem delas.
- Apesar de importantes, palavras tópico-específicas não precisam ser prolongadamente enfatizadas, porque a frequência delas normalmente não é muito alta na língua-alvo como um todo.

- **Palavras que formam nosso vocabulário passivo ou receptivo**
  São palavras que reconhecemos quando as encontramos em um texto, mas que não selecionamos para compor nossos próprios textos orais e escritos. Nosso banco de vocabulário passivo é comumente maior do que nosso banco de vocabulário ativo, pois para que uma palavra passe a integrar o último, é necessário que tenhamos contato com ela diversas vezes, em diferentes contextos, antes que ela seja aprendida. Contribui para a aprendizagem de novas palavras apresentá-las contextualizadas, em vez de listá-las isoladamente. O contexto contribui para uma melhor fixação de vocábulos novos.
- **Palavras que formam nosso vocabulário ativo**
  São palavras que empregamos quando falamos ou escrevemos. Sabemos qual é sua forma, sua função, a posição que ela ocupa na frase e o seu significado. Como é difícil guardar tantas informações sobre uma palavra, nosso vocabulário ativo é menor do que nosso vocabulário passivo.

3.13.2 Durante a leitura

Alunos de língua estrangeira podem se deparar com muitas palavras novas ao lerem um texto. Porém, se eles estão lendo um texto para obter a ideia geral dele, não precisam saber o significado de todas as palavras novas que encontram. Portanto, devem aprender a distinguir aquelas que são essenciais para a compreensão do texto daquelas que não são.

A fim de identificar as palavras que devem ser compreendidas para que possamos acessar a mensagem do texto, Aebersold e Field (1998, p. 142) sugerem duas técnicas:

a. tentar identificar a função da palavra: se ela for um adjetivo ou um advérbio, será dispensável, mas se for um substantivo ou um verbo, não;
b. tentar ler a frase sem a palavra e observar se a frase permanece inteligível.

Quando uma palavra é reconhecida como um substantivo ou verbo e aparece algumas vezes no mesmo texto, não há outra saída senão tentar decodificá-la. Nesse caso, Aebersold e Field (1998, p. 142) sugerem outras estratégias: inicialmente, tentar usar o contexto em busca de dicas sobre o significado da palavra; se isso não funcionar, podemos tentar observar eventuais afixos (prefixos e sufixos) e tentar chegar ao significado da palavra por intermédio deles; uma terceira opção seria procurar o significado da palavra no dicionário.

Uso do dicionário

É aconselhável não interromper a leitura para procurar, no dicionário, o significado de cada palavra nova que aparece no texto. Isso diminui o ritmo da leitura, pois muitas vezes precisamos retomar o início da frase ou do parágrafo para relembrarmos sobre o que estávamos lendo. Além disso, se essas interrupções ocorrem com muita frequência, há uma probabilidade maior do leitor desestimular-se com a leitura.

Feita essa ressalva, o professor não deve considerar o uso do dicionário como um tabu na sala de aula. O dicionário é necessário quando o aluno não consegue inferir o significado de uma palavra pelo contexto, e pode ser uma excelente ferramenta para desenvolver vocabulário em uma língua estrangeira.

Porém, antes de procurar o significado de uma palavra no dicionário, os alunos devem tentar descobrir primeiro a qual classe de palavras (verbos, substantivos, adjetivos, conjunções, advérbios, preposições) aquela palavra pertence. Em seguida, eles devem testar os vários significados que o dicionário apresenta para aquela palavra, considerando o contexto onde ela está inserida.

Ao consultar o dicionário, o aluno deve ter cautela para não se precipitar e escolher o primeiro significado que aparece. Isso pode prejudicá-lo, ao invés de facilitar sua compreensão da sentença na qual a palavra se encontra.

3.13.3 Após a leitura

O trabalho com vocabulário após o texto tem um **objetivo duplo**. Ele visa a **aprofundar a compreensão do texto** e a **aumentar o vocabulário** dos alunos. Segundo Aebersold e Field (1998, p. 148), o professor que pretende desenvolver o vocabulário de seus alunos deve considerar os seguintes **critérios**:

1. *tipo de vocabulário – sugere-se priorizar palavras que aparecem em vários contextos, em vez daquelas que são mais específicas a um determinado contexto;*
2. *número de palavras a serem aprendidas – o professor não deverá* ***enfatizar*** *todas as palavras novas que aparecem em um texto. Dedicar-se a um menor número de palavras é mais eficiente;*

3. *uso de contexto – palavras novas são mais facilmente incorporadas ao léxico dos alunos quando elas vêm inseridas em um contexto. O contexto permitirá que o aluno associe a palavra nova a outras palavras que ele já conhece, contribuindo para sua fixação;*
4. *reconhecimento antes da produção – o aluno precisa exercitar o reconhecimento dos novos itens lexicais antes de serem solicitados a utilizá-los em seus textos orais e escritos;*
5. *progressão de contextos familiares para outros contextos – inicialmente, o aluno deve utilizar os novos vocábulos para comentar sobre o texto lido. Quando ele estiver mais seguro do significado das novas palavras, ele poderá empregá-las em contextos diferentes daquele de onde elas foram originalmente retiradas.*

Consideremos o texto a seguir* e vejamos, levando em conta o que acabamos de tomar conhecimento, que tipo de trabalho pode ser feito com o vocabulário que ele apresenta.

The Tower of London

The Tower of London is one of the oldest buildings in London, England. It is an ancient fortress located on the north bank of the River Thames. Its construction began in the 11th century by William the Conqueror and was only completed in the 13th century.
The Tower of London is a complex of several buildings which include the White Tower, the Bloody Tower and Tower Green,

* Texto adaptado a partir do *Oxford Guide to British and American Culture* e dos seguintes *sites*: <http://www.articleset.com/Travel-and-Leisure_articles_en_Guide-To-The-Tower-Of-London.htm> e <http://www.britannica.com/eb/article-9048829/Tower-of-London>.

among others, set within two parallel rings of defensive walls and a moat.
Apart from being a fortress, at various times the Tower of London was a Royal Palace and a prison. It has also served as a place of execution and torture, an armory, a treasury, a zoo, a mint, and since 1303, the home of the Crown Jewels of the United Kingdom.

Fonte: Adaptado de Wapping, 2007.

Inicialmente, podemos dizer que palavras como *crown, fortress, armory, treasury, moat* e *mint* são mais contexto-específicas do que palavras como *tower, palace, zoo, jewels, ring, walls.* Essa primeira observação poderia levar o professor a refletir sobre quais palavras ele esperaria que seus alunos efetivamente aprendessem*. Como o texto é curto, não haveria problema algum se ele decidisse apresentar e exercitar todas as palavras novas. Entretanto, o segundo grupo de palavras deveria receber um tratamento mais cuidadoso, pois são palavras que os alunos terão mais chance de encontrar em diferentes contextos.

Como *crown, fortress, armory, treasury, moat, mint, tower, palace, zoo, jewels, ring* e *walls* são substantivos concretos, uma **atividade de pré-leitura** poderia ser a apresentação de imagens correspondentes a cada uma delas. O professor poderia, por exemplo, apresentá-las individualmente, escrevendo-as no quadro, pronunciando-as e mostrando a figura que as representa. Em seguida, o professor poderia utilizar as palavras e as imagens para criar um jogo de memória ou qualquer outra atividade que permitisse que os alunos ficassem expostos ao novo vocabulário por algum tempo antes de ler o texto. Ele também poderia pedir que seus alunos criassem uma breve história utilizando as palavras: *tower, palace, zoo, jewels, ring* e *walls.* Quando as histórias

* *Aprender* aqui é sinônimo de *incorporar ao vocabulário ativo.*

estivessem prontas, os alunos poderiam compartilhá-las com seus colegas. Penny Ur (1997, p. 143-144) afirma que, quando vamos apresentar um conteúdo novo em sala de aula, devemos investir em diferentes oportunidades de prática desse conteúdo se quisermos aumentar as chances de sua fixação pelos alunos.

Durante a leitura, o trabalho com o vocabulário novo do texto sobre a Torre de Londres poderia ter como foco o **reconhecimento** dos novos itens lexicais. Os alunos poderiam ser solicitados, por exemplo, a numerar as figuras, trabalhadas anteriormente quando o professor apresentou o vocabulário novo, conforme a ordem em que elas são mencionadas no texto.

Por fim, uma **atividade de pós-leitura** poderia expandir ainda mais o vocabulário dos alunos, trabalhando com definições das palavras novas na língua-alvo. Outra atividade poderia envolver a contextualização das palavras selecionadas para integrar o vocabulário ativo dos alunos, solicitando, por exemplo, que eles associassem cada uma dessas novas palavras a outras palavras pertencentes ao mesmo campo semântico.

Exemplificando

Utilizaremos o *Match the columns*, a seguir, para exemplificarmos esta última atividade de pós-leitura.

~ Match the columns

(a) The place where money in the form of coins and notes is made by the government. (b) A piece of jewelry or an object that contains precious stones. (c) A castle or other large strong building that is not easy to attack. (d) A deep ditch, dug round a castle etc, usually filled with water. (e) The place where weapons are made or kept. (f) A circle made of gold and jewels, that a king or queen wears on his/her head on official occasions. (g) The government department that controls public money. (h) Anything which is like a circle in shape. (i) Something built of stone, brick etc, and used to separate or enclose something.	( ) a fortress ( ) a ring ( ) a treasury ( ) an armory ( ) a wall ( ) a jewel ( ) a mint ( ) a moat ( ) a crown

~ In trios, for one minute, add as many words related to the words in bold as you can think of.

a. **Zoo** –
b. **Jewels** –
c. **Ring** –
d. **Palace** –
e. **Tower** –

Respostas

1. **Zoo** – wild animals, cages, visitors, children etc.
2. **Jewels** – precious stones, expensive, gold, king, queen, royal etc.
3. **Ring** – circle, wedding ring, hand etc.
4. **Palace** – king, queen, royal family, moat, huge etc.
5. **Tower** – high, Eiffel Tower, Leaning Tower of Pisa, prison etc.

Síntese

Este capítulo foi organizado com a expectativa de levar os professores de língua estrangeira a refletirem sobre o ato de ler. Inicialmente, comentamos sobre as vantagens de trabalhar a leitura em sala de aula. Em seguida, apresentamos qual é a concepção de leitura amplamente aceita atualmente e discutimos brevemente algumas questões relevantes ao ensino de leitura em uma língua estrangeira. Na sequência, sugerimos tratar a leitura como um processo e apresentamos algumas atividades que podem ser feitas em cada uma das três etapas que compõem o processo de leitura. Finalmente, discutimos sobre como lidar com o vocabulário novo, considerando as etapas de pré-leitura, durante a leitura e pós-leitura. Na sequência, seguem alguns exercícios que têm como objetivo recuperar questões-chave tratadas neste capítulo.

Atividades de Autoavaliação

1. Marque (V) para as afirmações verdadeiras ou (F) para as afirmações falsas:
   ( ) Durante as aulas de língua estrangeira, devemos utilizar a leitura primordialmente para praticar a pronúncia e a entonação dos alunos.
   ( ) O foco da leitura de um texto deve ser extrair a mensagem dele.
   ( ) Estratégias de leitura devem ser utilizadas apenas por alunos com conhecimento do idioma em nível intermediário ou acima.
   ( ) Ao contrário da leitura em voz alta, a leitura silenciosa está centrada na mensagem do texto.

2. Marque (V) para as afirmações verdadeiras ou (F) para as afirmações falsas:

( ) Devemos dividir o trabalho com o texto em três etapas: pré-leitura, durante a leitura e pós-leitura.

( ) Independente do tipo do texto em questão, a leitura eficiente requer que o aluno reconheça todas as palavras novas que aparecem no texto.

( ) Uma atividade de pós-leitura pode envolver o aprofundamento do vocabulário novo presente no texto.

( ) Na fase de pré-leitura, o aluno cria hipóteses sobre o conteúdo do texto.

3. Marque (V) para as afirmações verdadeiras ou (F) para as afirmações falsas:

( ) Faz parte das crenças dos professores que adotam a abordagem de leitura extensiva supor que os alunos de língua estrangeira sejam capazes de escolher os textos que deverão ler.

( ) Faz parte das crenças dos professores que adotam a abordagem de leitura intensiva supor que a habilidade de leitura dos alunos melhora quando eles têm um propósito real para ler.

( ) Faz parte das crenças dos professores que adotam a abordagem de leitura extensiva em suas aulas supor que a qualidade de compreensão do texto é mais importante do que a quantidade de leitura realizada.

( ) Faz parte das crenças dos professores que adotam a abordagem de leitura intensiva em suas aulas supor que é necessário que cada texto em uma língua estrangeira seja completamente compreendido para que os alunos melhorem sua compreensão.

4. Sobre dicas tipográficas, assinale a afirmativa **falsa**:
   a) As dicas tipográficas devem ser exploradas na fase posterior à leitura do texto.
   b) Figuras, números e diferentes tamanhos de letras são dicas tipográficas.
   c) Títulos e subtítulos são dicas tipográficas.
   d) As dicas tipográficas de um texto ajudam o leitor a antecipar o conteúdo do que irá ler.

5. As alternativas abaixo trazem exemplos dos critérios agrupados por Aebersold e Field (1998) para o desenvolvimento de vocabulário em língua estrangeira, **exceto**:
   a) número de palavras a serem aprendidas.
   b) progressão de contextos familiares para outros contextos.
   c) produção antes do reconhecimento.
   d) tipo de vocabulário.

Atividades de Aprendizagem

1. Complete a tabela a seguir:

Como eu tratava a leitura em minhas aulas antes de ler este capítulo.	Como eu poderei trabalhar a leitura em minhas aulas após ler este capítulo.
a) b) c) d) e) f)	g) h) i) j) k) l)

2. Durante um bimestre, faça um estudo comparativo. Escolha duas de suas turmas (de preferência, com o mesmo nível linguístico). Com uma delas, desenvolva o mesmo trabalho de ensino de vocabulário que você já desenvolvia antes de ler este capítulo; com a outra, utilize as estratégias de ensino do vocabulário aqui apresentadas. Compare os resultados.

Atividades Aplicadas: Prática

1. Releia este capítulo adotando uma atitude reflexiva. Reserve um caderno que deverá funcionar como um portfólio, no qual você anotará os pontos principais deste capítulo, suas reflexões, dificuldades e ideias práticas que você poderá levar para a sala de aula.

2. Escolha duas atividades do livro didático que você utiliza. Em seguida, prepare atividades de pré-leitura, durante e após a leitura dos textos em questão. Avalie o resultado obtido com seus alunos.

Capítulo 4

Seguindo uma linha de apresentação semelhante ao capítulo anterior, dedicado à compreensão de textos em língua estrangeira, este capítulo, dedicado à produção de textos em língua estrangeira, também retomará alguns pontos previamente comentados na primeira parte deste livro, quando tratamos tanto da compreensão quanto da produção escrita em língua materna.

Produção de textos em língua estrangeira

Writing is thinking on paper, or talking to someone on paper. If you can think clearly, or if you can talk to someone about the things you know and care about, you can write – with confidence and enjoyment.
(William Zinsser, 1994)

4.1 A presença da prática da escrita em nosso cotidiano

Assim como a leitura, a escrita também está presente no cotidiano daqueles que fazem parte de uma sociedade letrada. Escrevemos todos os dias, em diferentes contextos, para atingirmos diversos fins.

Alguns dos **tipos de textos** que são passíveis de serem utilizados em contextos de ordem pessoal, acadêmica e profissional são os que se encontram relacionados no quadro a seguir.

Quadro 4.1 – Tipos de textos

~ *e-mails*	~ cartas para jornais e revistas
~ cartões-postais	~ anúncios de compra e venda
~ páginas em um diário	~ anúncios de emprego
~ formulários de vários tipos	~ relatórios
~ listas de compras	~ requerimentos
~ instruções	~ relatos de sinistros
~ receitas	~ resenhas
~ recados	~ artigos
~ anotações em geral	~ monografias
~ planejamentos de ações	~ dissertações de mestrado
~ respostas de questões discursivas em provas	~ teses de doutorado
	~ poemas
~ redações	~ contos
~ resumos	~ romances
~ cartas comerciais	~ letras de música

Uma questão, entretanto, que requer reflexão é: Se os textos são meios para atingirmos fins comunicacionais, por que tantas pessoas, após anos de instrução escolar formal ainda se sentem inseguras ao escrever em sua própria língua? Dificuldade que normalmente é transferida para a língua estrangeira. Dizem que não sabem escrever, que não têm ideia de o quê e como escrever, afirmam que escrever é uma atividade difícil e cansativa, e as reclamações não param por aí. O que acontece, então? A resposta para a pergunta é muito complexa, podendo levar a considerações relativas ao nosso sistema de ensino de língua materna, que durante muitos anos atribuiu e, infelizmente, em alguns casos ainda atribui, mais ênfase a questões gramaticais, relegando as questões discursivas a segundo plano. De qualquer forma, como resposta à pergunta acerca da insegurança que muitas pessoas sentem ao sentar para escrever um texto, optamos por ressaltar que a comunicação escrita torna-se muitas vezes difícil porque um texto escrito não é simplesmente uma transcrição de um texto oral; ele tem características próprias que precisam ser respeitadas para que a comunicação entre escritor e leitor tenha mais chances de ocorrer eficientemente.

Essas características peculiares aos textos escritos, contudo, não são aprendidas naturalmente – assim como se aprende a falar um idioma quando criança, apenas por estar exposto a ele. Fazem-se necessárias aulas dedicadas à produção de textos – aulas essas que tratem sobre o objetivo do texto a ser escrito, do destinatário, de como organizar a informação em um formato específico, do tom mais formal ou menos formal a ser utilizado etc. Caso contrário, não há como revertermos a sensação de incapacidade vivenciada por nossos alunos diante de uma folha de papel ou de uma tela de computador – a partir do momento em que eles têm que escrever algo diferente de um *e-mail* ou mensagens curtas em um *chat*.

Bem, você deve estar se perguntando por que iniciamos este capítulo sobre produção de textos em língua estrangeira trazendo à tona uma realidade relativa à escrita em língua materna. Mas, é aí que uma primeira reflexão faz-se necessária quando pretendemos discutir a questão da produção de textos em língua estrangeira – será mesmo que o que descrevemos é uma realidade que se aplica unicamente à prática da escrita em língua materna? A resposta é certamente *não* – a produção escrita é uma atividade desafiadora em língua materna, sendo talvez ainda mais desafiadora quando se trata de uma língua estrangeira.

Uma segunda reflexão levar-nos-ia a questionar: Os professores de língua estrangeira podem se dar ao luxo de relegar a um segundo plano os sentimentos e as experiências acadêmicas que seus alunos brasileiros trazem para a sala de aula de uma língua estrangeira? Provavelmente não, pois eles terão que lidar, no mínimo, com a ansiedade desses alunos quando eles forem requisitados a escrever algo. Além disso, o professor de língua estrangeira deve ter conhecimento sobre:

a. o que diferencia os textos escritos dos textos orais;
b. o porquê de ensinar seus alunos a escreverem em uma língua estrangeira;
c. como preparar seus alunos para escrever;
d. como tratar a produção de textos em suas aulas;
e. como avaliar o que eles escrevem.

O professor de língua estrangeira precisa ter clareza no que se refere a esses aspectos, se ele desejar refletir sobre as atividades de escrita presentes no livro didático que a escola adota. Isto é, até que ponto o que os alunos são requisitados a escrever transcende o nível da frase? Há uma diversidade de gêneros escritos a serem trabalhados? As atividades são variadas ou se resumem a responder a perguntas de compreensão sobre os textos lidos, a assinalar V (verdadeiro) ou F (falso) após textos e/ou reescrever frases?

Este é o momento propício para você analisar que tipo de atividade de produção escrita prevalece no material didático que você adota. **Questão importante**: Você verificou se há uma variedade de atividades?

É essencial saber que o **desenvolvimento da escrita** não se dá de forma natural, nem em língua materna nem em língua estrangeira – ele **deve ser mediado pelo professor**. E, se as atividades que o livro didático traz não forem suficientes para o professor desenvolver a habilidade de escrita de seus alunos, ele deve estar preparado para produzir suas próprias atividades. Este capítulo, portanto, pretende discutir algumas questões e apresentar algumas sugestões de atividades escritas que possam auxiliar o professor em sua prática docente.

4.2 Por que escrever em língua estrangeira?

Há muitas razões por que alunos de língua estrangeira precisam escrever. Entre elas, podemos citar:

a. para poder comunicar-se a distância com pessoas que falam a língua-alvo, quando o telefone não for a melhor opção ou uma opção disponível;
b. para responder às questões das provas escritas, muito comuns em cursos de língua estrangeira;
c. para praticar a língua-alvo, incorporando sua estrutura, vocabulário e expressões típicas;
d. para estarem aptos a estudar em países onde a língua-alvo seja a primeira língua;
e. para poderem trabalhar em empresas estrangeiras;
f. para poderem praticar a escrita imaginativa;
g. para terem a experiência de registrar pensamentos pessoais em uma língua estrangeira etc.

Os itens que compõem essa lista representam apenas uma amostra de quão importante é o ensino da produção escrita em aulas de língua estrangeira. Ao escolher quais gêneros textuais trabalhar em sala de aula, os professores de língua estrangeira devem refletir sobre os contextos sociais pelos quais seus alunos circulam ou aqueles em que eles pretendem circular.

4.3 Diferenças entre o texto escrito e o texto oral

Um texto escrito tem características que o diferenciam de um texto oral. Vamos estabelecer um quadro comparativo para que você possa visualizar essa diferença.

Quadro 4.2 – Características de textos orais *versus* características de textos escritos

Texto oral	Texto escrito
~ efêmero; ~ possui características prosódicas – ritmo, pausas; ~ possui características paralinguísticas: a forma mais lenta / mais rápida, mais alta / mais baixa etc. de falar; ~ suas condições de processamento permitem pouquíssimo tempo entre a elaboração da mensagem e sua produção; ~ apresenta muitas repetições; ~ apresenta frases mais curtas e de estrutura mais simples; ~ apresenta um vocabulário mais coloquial; ~ não exige a utilização da norma culta; ~ pode ser moldado ou recapitulado a partir da percepção de que o interlocutor não o compreende; ~ tem como ênfase: construir relacionamentos.	~ permanente; ~ não possui características prosódicas; ~ não possui características paralinguísticas; ~ suas condições de processamento, se comparadas com as condições de processamento de textos orais, permitem mais tempo entre a elaboração da mensagem e a sua produção; ~ apresenta consideravelmente menos repetição do que a linguagem oral; ~ apresenta frases mais longas e complexas; ~ apresenta um vocabulário mais formal; ~ exige a utilização da norma culta; ~ deve ser claro, para minimizar dificuldades que o leitor possa ter ao lê-lo; ~ tem como ênfase: registrar informações, completar tarefas e desenvolver ideias e argumentos.

O conhecimento dessas características pode ser muito útil para um professor de **produção de textos**, seja em **língua materna**, seja em **língua estrangeira**. Ele pode compartilhar esse quadro com seus alunos, pode trazer textos retirados de jornais, revistas ou da internet, para que os alunos identifiquem neles características de textos escritos; pode solicitar que os alunos transformem o texto escrito em um diálogo ou, ainda, um relato oral em um texto escrito.

O importante é conscientizar os alunos de que um **texto escrito**, por apresentar tantas características diferentes dos textos orais, **requer treino**.

No que se refere às diferenças entre textos orais e escritos, vale ressaltar, contudo, que não há uma linha divisória claramente definida que distinga características de textos orais e escritos. Christopher Tribble (1997, p. 15) sugere que pensemos em um **contínuo**, em que se organizam textos mais e menos prototipicamente orais e textos mais e menos prototipicamente escritos.

Se considerarmos a ideia do **contínuo**, podemos perceber que a linguagem de um discurso político não é prototipicamente a linguagem de um texto oral, pois aí temos um texto escrito que é redigido para ser lido oralmente. Nesse caso, o discurso político observa mais acuradamente a utilização da norma culta, apresenta sentenças mais longas e complexas e utiliza um vocabulário mais formal – características de textos escritos. Por outro lado, um *e-mail* que se escreve para um conhecido ou familiar, embora seja um texto escrito, assemelha-se mais a um texto oral – há um tom coloquial em *e-mails* informais.

4.4 Vantagens que a escrita oferece ao aprendizado da língua estrangeira

Os benefícios que a escrita pode agregar ao aprendizado de uma língua estrangeira estão intrinsecamente relacionados às condições de produção de um texto escrito, que são bem mais favoráveis do que as condições de produção de um texto oral.

Os textos orais são menos elaborados e mais susceptíveis a repetições, retomadas, esclarecimentos e explicações do que os textos escritos, porque eles são idealizados mentalmente e quase que simultaneamente produzidos verbalmente. Não há tempo hábil para elaborar o texto, de forma que ele já surja em sua melhor forma possível. Entretanto, essa desvantagem é contornada com a utilização de gestos e expressões faciais, com a entonação e com os sinais que nosso interlocutor nos dá, indicando se ele está ou não está compreendendo nossa mensagem.

Um texto escrito não pode contar com a ajuda do interlocutor sinalizando se a mensagem está ou não bem elaborada. Também não é viável para o autor de um texto reeditá-lo constantemente após torná-lo público, caso perceba que não disse exatamente o que gostaria de ter dito. Sendo assim, a vantagem que a prática da escrita pode trazer ao aprendizado de um idioma estrangeiro consiste exatamente nessa tentativa de codificar a mensagem que se pretende transmitir da melhor forma possível. Ao sentar para produzir um texto, o aluno terá a chance de concentrar-se na mensagem, podendo reescrevê-la se não a considerar adequada. Nesse processo, ele utilizará o dicionário, recorrerá ao livro-texto, observará a ordem das palavras na frase e, muito importante, ousará construir frases mais complexas do que as que ele geralmente usa durante as aulas.

4.5 Abordagens de ensino da escrita

Muito se fala acerca da importância de se escrever de maneira simples, clara e direta. O problema é que raramente nos ensinam como realizar esse "milagre". Um fator que contribui para tal "milagre" é que um bom escritor tem que ser antes de tudo um bom leitor. A leitura pode ajudar muito no desenvolvimento da escrita se forem usadas estratégias capazes de desenvolver, no futuro escritor, uma percepção acerca de como construir frases simples e frases complexas, como organizar internamente os parágrafos, como relacionar os parágrafos entre si, como construir relações lógicas entre as ideias do texto a partir da utilização das conjunções etc. Vale ressaltar que isso não é verdadeiro apenas em se tratando da língua materna. Alunos de língua estrangeira que leem mais também demonstram maior comando da escrita.

Outro fator que contribui para o "milagre" de escrever bem está relacionado à forma como a escrita é trabalhada em sala de aula. Vejamos, então, algumas abordagens que tratam sobre o ensino de produção escrita em língua estrangeira.

4.6 Escrita como processo

A abordagem da **escrita como processo** pressupõe que o aluno escreva seu texto em fases. Christopher Tribble (1997, p. 38) menciona **quatro fases: pré-escrita, rascunho, revisão** e **edição**. Tribble ressalta que, segundo Anne Raimes (1983, p. 229), o autor de um texto não passa de uma fase para outra linearmente. Ele avança de uma fase a outra e retorna várias vezes no processo de escrita.

Durante o processo de produção de texto, mais especificamente na **fase de pré-escrita**, Brookes e Grundy (2000, p. 7) observam que o autor se dedica a atividades como, por exemplo:

a. **decidir** o que vai dizer;
b. **pensar** em como vai começar seu texto;
c. **refletir** sobre para quem ele está escrevendo e qual o conhecimento prévio que ele imagina que o leitor possua;
d. **ter clareza** sobre o objetivo do texto;
e. **decidir** sobre o aspecto visual do texto no papel;
f. **decidir** sobre a sequência das ideias no texto etc.

Como podemos perceber, várias atividades cognitivas estão em jogo no processo de produção de um texto. Esse rico momento de planejamento, entretanto, será desperdiçado se o professor não conduzir seus alunos, em sala, a refletirem sobre os itens listados, antes de solicitar que eles escrevam seus textos em casa.

É **papel do professor** ajudar seus alunos a desenvolverem essas estratégias de pré-escrita, assim como também é o de encorajar os alunos a produzirem alguns rascunhos do texto solicitado antes de o entregarem para ser corrigido e atribuído nota. Os alunos precisam ser incentivados a sentirem-se mais responsáveis por seus textos. Se eles produzirem rascunhos, esses rascunhos poderão ser usados na **fase de edição do texto** – quando o próprio aluno decidirá:

a. quais informações ele excluirá e quais ele manterá;
b. se há necessidade de acrescentar alguma outra informação;
c. se alguma informação deve ser trocada de lugar para melhor clareza do texto.

Com relação à fase de edição do texto, a mediação do professor pode levar o aluno a concentrar-se em possíveis erros de grafia, erros gramaticais (formas verbais, artigos, preposições, estruturas das sentenças), erros de pontuação e erros de acentuação – em línguas que utilizam acentos gráficos.

Obviamente, a adoção de uma abordagem processual da escrita exigirá muito mais tempo e dedicação, tanto dos professores quanto dos alunos, porém o resultado serão alunos menos dependentes das correções do professor. Além disso, a adoção dessa prática, possivelmente, também diminuirá a frustração do professor ao ver que o aluno, após conferir a nota do texto, que ele – professor – corrigiu tão criteriosamente, dobra o texto ao meio e coloca-o no meio do livro, sem, muitas vezes, jamais o abrir novamente. Em uma situação assim, o professor trabalha muito e não vê melhora na produção escrita de seus alunos. Os alunos, por sua vez, delegam toda a responsabilidade sobre seus textos aos seus professores e não se conscientizam da importância de eles escreverem bem.

Mencionamos algumas das vantagens de tratar a escrita como processo. Mas será que, concentrando-se em sua realidade, você identificaria alguma dificuldade em colocar essa abordagem da escrita em prática?

Digamos que sua resposta seja *sim*. Nesse caso, você conseguiria pensar em alguma estratégia para driblar eventuais dificuldades que você ou seus alunos pudessem enfrentar, se você resolvesse utilizar essa abordagem em suas aulas?

4.6.1 Escrita por intermédio de atividades comunicativas

Trabalhar a escrita por intermédio de **atividades comunicativas** implica dar um **objetivo** para os alunos escreverem. O professor também deve propor um **contexto**, no qual o texto do aluno deve inserir-se. Dentro desse contexto, há clareza sobre o **interlocutor** do texto – o aluno sabe exatamente para quem ele está escrevendo. Ele também sabe sob qual **ponto de vista** ele está escrevendo – ou seja, ele desempenha um **papel** ao escrever o texto.

Exemplificando

As atividades comunicativas enriquecem muito a experiência de produção de texto. Sendo assim, vamos transformar uma atividade de escrita cuja ênfase é estrutural em uma atividade comunicativa.

Atividade não comunicativa

~ Descreva seu quarto/escritório em detalhes, usando o verbo **haver**.

Atividade comunicativa

~ A revista *Home&Office Architecture* está promovendo um concurso para eleger "Arquiteto/a do mês" o leitor/a leitora que melhor descrever, por escrito, seu quarto/escritório, fictício ou real. Os textos recebidos serão avaliados por nossos editores de arte. Os três melhores projetos serão recriados por nossos arquitetos e publicados na edição de julho. Solte sua imaginação!

Comentário:

a. **contexto:** concurso promovido por uma revista de arquitetura;
b. **interlocutor:** editores de arte da revista;
c. **papel exercido pelo aluno:** leitor da revista *Home&Office Architecture* que decide participar do concurso;
d. **objetivo para escrever o texto:** concorrer e tentar vencer o concurso.

Como esse exemplo procurou mostrar, a "atividade comunicativa" motiva o aluno. Nessa situação, por mais que quem venha a ler o texto continue sendo apenas o professor, ao aluno é oferecida uma perspectiva diferente para escrever o texto. Uma atividade assim faz com que o aluno pense em situações da vida real, pois na vida real nossos textos são normalmente instrumentos, contextualizados, por intermédio dos quais buscamos atingir algum objetivo – seja ele: informar, divertir, dar uma opinião, criticar, reclamar, participar de um concurso etc.

Você já verificou se há muitas atividades comunicativas no livro didático com o qual você trabalha?
Caso não haja, você já pensou em como poderia adaptar atividades centradas primordialmente em questões estruturais da língua em atividades comunicativas? Mas, e as atividades estruturais? (Elas também são necessárias. Essa é uma questão importante para ponderarmos.)

4.6.2 Escrita por intermédio de atividades controladas

A utilização de **atividades controladas** para o desenvolvimento da escrita é muito útil em estágios iniciais do aprendizado de um idioma, mas **não** apenas em estágios iniciais. Precisamos romper com o preconceito que se generalizou em cursos de língua estrangeira no que se refere ao foco em aspectos estruturais da língua.

As **atividades de escrita controladas** eram muito comuns no método **audiolingual**. Porém, com o fortalecimento, na década de 1980, de abordagens comunicativas, em que a correção gramatical foi considerada menos importante do que transmitir uma mensagem e se fazer compreendido, as atividades controladas foram praticamente tornando-se **tabus** – o que foi um equívoco. Pois, se tomarmos, por exemplo, as competências que Canale e Swain (1980) dizem compor uma abordagem comunicativa – gramatical, discursiva, sociolinguística e estratégica – poderemos inferir que houve um certo equívoco ao se supor que não havia espaço para questões estruturais nas abordagens comunicativas.

Atividades controladas são definidas por Ann Raimes (1983, p. 95) como "todas as atividades escritas que os alunos fazem para as quais uma boa parte do conteúdo e/ou estruturas gramaticais são fornecidas". Segundo ela, atividades controladas constituem um estágio intermediário que prepara os alunos para a escrita livre e criativa. Atividades controladas de escrita incluem, por exemplo, exercícios como:

a. manipular sentenças e parágrafos;
b. escrever a partir de modelos;
c. dar continuidade a textos;
d. fazer cópias personalizadas. (Raimes, 1983, p. 83-92).

Para melhor nos situarmos nesse tipo de prática, veremos em seguida alguns exemplos de atividades controladas, como a manipulação de frases, de parágrafos e de registro linguístico, além de composição guiada e cópia personalizada.

a. Manipulação de frases

Exemplo 1

Observe o uso dos advérbios de frequência nas frases a seguir. E, nesse processo:

~ reescreva com o pronome "I" as frases que estiverem de acordo com sua rotina;

~ adapte as frases que não são verdadeiras conforme sua rotina, antes de reescrevê-las com o pronome "I".

Por exemplo, se a sentença for "Lucy never travels on her vacation", e você geralmente viajar nas suas férias, você deverá reescrever a frase assim: "I usually travel on my vacation".

Always (100%)	Usually (85 %)	Often (70%)	Sometimes (50%)	Hardly ever (20%)	Never (0%)

a. The Smiths hardly ever have dinner together.

____

b. Jane sometimes goes out with friends on Friday nights.

____

c. Paul usually reviews his English lessons on Saturday mornings.

____

d. David always gets up before 8 on week days.

____

Tradução do exemplo "1" sobre "Manipulação de frases"

Observe o uso dos advérbios de frequência nas frases a seguir. E, nesse processo:

~ reescreva com o pronome "Eu" as frases que estiverem de acordo com sua rotina;

~ adapte as frases que não são verdadeiras conforme sua rotina, antes de reescrevê-las com o pronome "Eu".

Por exemplo, se a sentença for "Lucy nunca viaja nas férias dela", e você geralmente viajar nas suas férias, você deverá reescrever a frase assim: "Eu geralmente viajo em minhas férias".

Sempre (100%)	Geralmente (85 %)	Frequentemente (70%)	Às vezes (50%)	Raramente (20%)	Nunca (0%)

e. Os Silva raramente jantam juntos.

____

f. Júlia às vezes sai com os amigos às sextas à noite.

____

g. Paulo geralmente faz suas tarefas de espanhol aos sábados pela manhã.

____

h. Rui sempre levanta antes das 8h durante a semana.

____

Exemplo 2

~ Alterne entre frases afirmativas e negativas, adaptando o conteúdo das sentenças seguintes para que elas sejam verdadeiras sobre você.

Por exemplo, se a sentença for "I don't live in Curitiba", e você morar em Curitiba, você deverá reescrever a frase na afirmativa: "I live in Curitiba". Por outro lado, se a sentença for "I live in Curitiba", e você não morar em Curitiba, você deverá reescrevê-la na negativa "I don't live in Curitiba". Se a sentença for verdadeira para você, reescreva-a.

a. I work full time.

____

b. I don't study English.

---

c. I like reading books and magazines.

---

d. I go to school by bus.

Tradução do exemplo "2" sobre "Manipulação de frases"
Por exemplo, se a sentença for "Eu não moro em Curitiba", e você morar em Curitiba, você deverá reescrever a frase na afirmativa: "Eu moro em Curitiba". Por outro lado, se a sentença for "Eu moro em Curitiba", e você não morar em Curitiba, você deverá reescrevê-la na negativa: "Eu não moro em Curitiba". Se a sentença for verdadeira para você, reescreva-a.

e. Eu trabalho em tempo integral.

---

f. Eu não estudo inglês.

---

g. Eu gosto de ler livros e revistas.

---

h. Eu não vou para a escola de ônibus.

---

b. Manipulação de parágrafos

Exemplo 1
Clarice and Karen are roommates in a college dorm in San Francisco where they study History. They come from different cities. Clarice comes from Bradenton, Florida, and Karen comes from New York, New York.

Bradenton	New York
Small city	Big city
South-east	North-east
Quiet	Busy
Quite warm in the winter	Very cold in the winter
Not many museums	Lots of museums

~ Veja como Clarice comentou sobre sua cidade, comparando-a com Nova Iorque.

(1) I live in Bradenton. (2) Bradenton is a small city in the south-east part of the USA. (3) It's much quieter than New York. (4) Also, it's quite warm in the winter, what I appreciate. (5) Unfortunately, there aren't many museums there.

~ Reescreva o parágrafo do ponto de vista da Karen.

(1) I live in ____________. (2) ____________ is a ____________ in the ______-east part of the USA. (3) It's much ________ than ________. (4) Also, it's quite ________ in the winter, what I appreciate. (5) Fortunately, there ____________________________ museums there.

~ Agora, com base no parágrafo escrito pela Clarice sobre Bradenton, escreva mais dois parágrafos: um do ponto de vista de Carlos, que é de Blumenau, e outro do ponto de vista de Fernanda, que é de Recife.

Blumenau	Recife
Medium-size city	Big city
South	North-east
Quiet	Busy
No beaches	Beautiful beaches
Not many malls	Lots of malls

~ Inicie o parágrafo com a seguinte frase: I live in *Blumenau*.

c. Manipulação de registro linguístico

Exemplo 1*

(Apropriado para alunos intermediários e avançados)

~ Reescreva o diálogo da sequência substituindo as gírias por termos do inglês padrão.

Steve: Hey, man. Why are you so **ticked off**?
Martin: **Get out of my face**.
Steve: **Mellow out**, dude. Tell me. **What's up**?
Martin: I **blew** my driving test and the prom is next Saturday.
Steve: **Give me a break**. Is this **what's eating you**? I can lend you my car.
Martin: Thanks, man.

~ Veja aqui como ficaria o diálogo em inglês padrão.

Steve: Hey, man. Why are you so **angry**?
Martin: **Leave me alone**.
Steve: **Relax**, dude. Tell me. **What's the problem**?
Martin: I **failed** my driving test and the prom is next Saturday.
Steve: **You're kidding**. Is this **what's worrying you**? I can lend you my car.
Martin: Thanks, man.

Atenção: não oferecemos uma tradução dessa atividade porque cada língua tem suas gírias peculiares. Fica a sugestão de atividade, lembrando que ela é duplamente válida porque reforça a língua padrão e acrescenta mais dinamicidade ao vocabulário dos alunos.

d. Composição guiada

Exemplo 1

Escrevendo a partir de uma imagem e de questões formuladas pelo professor.

~ A partir do quadro *La Musique**, do pintor francês Henri Matisse (1869-1994), o professor pode preparar uma transparência e levar um pouco de arte para a aula de produção escrita em língua estrangeira. Inicialmente, os alunos poderão comentar sobre suas impressões pessoais acerca do quadro e, em seguida, produzir um texto escrito a partir das perguntas que seguem.

Primeiro parágrafo: inicie com a frase: "The picture by the French painter, Henri Matisse, shows two women". Responda: "What do they look like? Are they standing or sitting? Are they indoors or outdoors? What is one of them doing? What is the other doing? Do they seem to be enjoying themselves?"

Segundo parágrafo: "Can you play a guitar? If not, would you like to? Do you know anyone who can play a guitar? Do you listen to this person play his/her guitar very often? Where? What do you think of people getting together to enjoy music?"

Terceiro parágrafo: "Are there any music classes in your school? Do you think that most Brazilian schools are engaged in developing students' musical skills? What's your opinion about it? Would you like your school to offer music classes to students? Why/why not?"

Tradução do exemplo "1" sobre "Composição guiada"

Primeiro parágrafo: inicie com a frase: "O quadro do pintor francês, Henri Matisse, mostra duas mulheres". Responda:

* A imagem deste quadro pode ser facilmente encontrada na internet.

"Como elas são fisicamente? Elas estão de pé ou sentadas? Elas estão em um ambiente interno ou externo? O que uma delas está fazendo? O que a outra está fazendo? Elas parecem estar se divertindo?"

Segundo parágrafo: "Você sabe tocar violão? Se não, você gostaria de saber? Você conhece alguém que sabe tocar violão? Você ouve essa pessoa tocar violão com frequência? Onde? O que você acha das pessoas se reunirem para apreciar música?"

Terceiro parágrafo: "Há aulas de música em sua escola? Você acredita que muitas escolas brasileiras estão comprometidas em desenvolver a habilidade musical de seus alunos? Qual é sua opinião sobre isso? Você gostaria que sua escola oferecesse aulas de música aos alunos? Por quê/por que não?"

e. Cópia personalizada

Exemplo 1

~ Copie o texto a seguir, adaptando-o para expressar a sua rotina.

I wake up early every day, between 6 and 7 am. After I wake up, I have a shower, brush my teeth and have breakfast. After breakfast, I wear my uniform and my dad takes me to school. My classes start at 9 am and finish at 3 pm. I have five classes per day and I don't go back home for lunch. From midday to 1 pm, we have lunch in the school cafeteria. At 1:30 pm, my classes re-start. I have lots of friends in my class, so I like going to school.

At 3 pm, my mother picks me up at school and we go home. Then, I have a shower and do my homework. After I do my homework, my mother says I'm free to do what I want. Then, I usually play soccer with my friends or stay home and surf on the Internet.

In the evening, we have dinner around 7 pm, when my father gets home from work. Then, we talk for a while and sometimes we play games. I often go to bed at about 10 pm.

Tradução do exemplo "1" sobre "Cópia personalizada"

Eu acordo cedo todos os dias, entre 6 e 7 horas. Depois de acordar, eu tomo banho, escovo meus dentes e tomo café. Depois do café, eu visto meu uniforme e meu pai me leva para a escola. Minhas aulas começam às 9 horas e terminam às 15 horas. Eu tenho cinco aulas por dia e não volto para casa para almoçar. Do meio-dia às 13 horas, nós almoçamos na lanchonete da escola. Às 13h 30min, minhas aulas recomeçam. Eu tenho muitos amigos na minha sala; por isso, eu gosto de ir à escola.
Às 15 horas, minha mãe me pega na escola e nós vamos para casa. Então, eu tomo banho e faço meus deveres. Depois de fazer meus deveres, minha mãe diz que eu estou livre para fazer o que eu quiser. Então, eu geralmente vou jogar bola com meus amigos ou fico em casa e navego na internet. À noite, nós jantamos por volta das 19 horas, quando meu pai chega do trabalho. Então, nós conversamos um pouco e às vezes nós jogamos. Eu frequentemente vou dormir por volta das 22 horas.

As atividades dos itens **a, b, c, d** buscam exemplificar que as **atividades controladas** podem ser de **vários tipos**, podendo ser utilizadas para atingir diversos objetivos em classes de nível básico, intermediário ou avançado. Além de dar apoio e suporte ao aluno para que ele desenvolva mais confiança para produzir textos escritos em uma língua estrangeira, elas colaboram para fixar estruturas e itens de vocabulário recém-trabalhados na unidade ou que eventualmente precisam ser revisados. Em resumo, as **atividades controladas**, quando **associadas a outras**

abordagens de escrita, só têm a contribuir para o desenvolvimento geral da habilidade escrita dos alunos de língua estrangeira.

4.6.3 Escrita por intermédio de atividades práticas

Não há maneira melhor de os alunos perceberem a relação entre escrita e comunicação, segundo Ann Raimes (1983, p. 83-92), do que solicitando que eles se engajem em **atividades práticas** de escrita que as pessoas utilizam normalmente. A autora sugere que os alunos:

a. preencham formulários;
b. façam entrevistas;
c. escrevam cartas para convidar, reclamar, solicitar informação, agradecer e recusar convites;
d. escrevam listas de compras;
e. anotações diárias;
f. instruções.

Em quais outros **textos cotidianos** poderíamos pensar, para aumentar a lista sugerida por Ann Raimes? Que tal acrescentarmos: anúncios de emprego e de compra e venda, propagandas, *slogans* para produtos, frases para serem colocadas em camisetas, recados, poemas etc. Veja bem, para você pode não ser cotidiano ou comum escrever *slogans*, mas para um profissional da área de *marketing* e propaganda é. O objetivo é, então, fazer com que o aluno saia de seu universo usual e tenha contato com diferentes necessidades de produção de texto.

Essa abordagem da escrita normalmente envolve uma **sequência de tarefas**, que prepara o aluno e contribui para a produção de seu texto final. Em um dos exemplos que Raimes (1983, p. 83-92) oferece, ela sugere que o professor atribua aos alunos o papel de alguém procurando emprego. Em seguida, o professor apresenta vários anúncios de emprego, explorando o conteúdo deles. Depois disso, o professor apresenta uma carta (modelo) para se candidatar a uma vaga de emprego. Então, o professor entrega a cada dupla um anúncio de emprego e solicita que um dos alunos escreva uma carta candidatando-se à vaga, enquanto o outro preenche um formulário da empresa que busca preencher a vaga. Finalmente, os alunos que compõem cada dupla trocam a carta e o formulário entre si. O que escreveu a carta agora escreverá outra carta, a partir do formulário preenchido por seu colega. O que preencheu o formulário agora preencherá outro formulário, com base nos dados presentes na carta do colega.

Nesse tipo de atividade, a mediação do professor é muito importante para que os alunos possam desempenhar a sequência de tarefas com sucesso. O professor não apenas solicita que os alunos escrevam uma carta candidatando-se a uma vaga de emprego, ele promove toda uma contextualização para o texto que será produzido. E isso faz toda a diferença.

4.6.4 Escrita por intermédio de atividades imaginativas

As atividades de escrita imaginativa, também chamada de *escrita criativa*, constituem uma eficiente forma de estimular os alunos a escreverem. Comumente, essa abordagem é utilizada com alunos que já possuem pelo menos um nível básico de conhecimento do idioma. O principal objetivo desse tipo de atividade é permitir que os alunos soltem sua imaginação. O conteúdo dos textos produzidos em aulas de escrita criativa não precisam estar atrelados ao conteúdo trabalhado na unidade.

Os exercícios de escrita criativa buscam tornar o hábito de escrever mais agradável para o aluno. Porém, acima de tudo, eles colaboram para diminuir a sensação de que escrever é uma atividade difícil e enfadonha. Outra vantagem da utilização dessa abordagem da escrita é que o aluno escreve sobre algo relevante para ele, de forma que o conteúdo não é, *a priori*, um obstáculo à produção do texto.

Ao empregar essa abordagem, o professor pode utilizar imagens, cores, formas, objetos, sentimentos, perfumes, lembranças, desejos etc., como ponto de partida para o texto que seus alunos produzirão. Os textos a serem escritos não precisam necessariamente ser longos. Às vezes, escrever parágrafos curtos com frequência pode até ser mais produtivo.

Exemplificando

Vamos ver, agora, alguns exemplos de atividades que propiciam a escrita criativa, e que você pode realizar com seus alunos.

1. Fechem seus olhos, sintam esta fragrância e escrevam sobre o que, ou quem, ela lhes faz lembrar.
2. Vocês ouvirão quatro diferentes gêneros de música. Após cada um deles, vocês terão cinco minutos para escrever um curto parágrafo sobre uma sensação ou uma lembrança que a música evoca em vocês.
3. Vou tirar diferentes objetos desta sacola, e vocês terão que dar continuidade à história a seguir, incluindo cada um deles. "Você não vai acreditar o que aconteceu comigo ontem. Eu estava indo para a escola / o trabalho quando..."

Importante

Atualmente, a **tendência** no que se refere à produção escrita em aulas de língua estrangeira prega a adoção de **multiabordagens**.

4.7 Como avaliar atividades de produção escrita?

O que você leva em consideração ao corrigir os textos escritos dos seus alunos? Você tem critérios de correção claros? Seus alunos conhecem seus critérios? Essas e outras interrogações são necessárias, pois ajudam a elucidar o processo de avaliação da produção escrita.

Observamos, no que concerne à correção dos textos produzidos por alunos de língua estrangeira (e de língua materna também), que a tendência atual busca conscientizar os professores acerca da necessidade de não transformarem o ato de corrigir em um ato vazio de significado pedagógico, que pouco ou nada contribuirá para que seus alunos escrevam textos mais eficientes.

Ao corrigir as atividades escritas de seus alunos, o professor deve, inicialmente, ter como foco o conteúdo delas. Não ter uma caneta vermelha na mão é uma forma de o professor controlar seu ímpeto de corrigir imediatamente os erros gramaticais que ele identifica nos textos dos alunos. Em uma segunda leitura, ele pode considerar os fatores (listados por Douglas Brown) a seguir, para poder compor a nota do aluno. Brown (2001, p. 357) sugere que a ordem como os itens são dispostos na sequência demonstra que peso poderíamos atribuir a cada um deles, sendo o conteúdo o mais importante, e o aspecto mecânico do texto o menos importante; desde que, obviamente, não haja tantos problemas estruturais que a compreensão do texto fique comprometida.

São os seguintes casos

1. **Conteúdo:**
   - tópico frasal e ideias relacionadas a ele;
   - desenvolvimento das ideias apresentadas;
   - estrutura do texto: causa/efeito, comparação/contraste, problema/solução.
2. **Organização:**
   - introdução, desenvolvimento e conclusão; seguindo uma sequência lógica de ideias.
3. **Discurso:**
   - transição entre as ideias do texto, marcadores de discurso, coesão e coerência, fluência.

4. **Sintaxe:**
   ~ ordem das palavras na frase, respeitando a estrutura da língua-alvo.
5. **Vocabulário:**
   ~ adequação vocabular – utilização de diferentes níveis de formalidade e informalidade conforme o contexto em questão.
6. **Mecânica:**
   ~ grafia e pontuação.

Obviamente, a adoção de um sistema requer uma reflexão e, antes de partirmos para a simples aplicação dos passos que foram expostos, é importante ponderarmos sobre: Qual é, afinal, a vantagem de adotar um sistema como esse para corrigir os textos escritos de nossos alunos? Você já havia pensado sobre isso?

Síntese

Neste capítulo, refletimos sobre a produção escrita em língua estrangeira. Apresentamos características que diferenciam textos escritos de textos orais e comentamos sobre as vantagens que as condições de produção de textos escritos podem agregar ao aprendizado de um idioma. Também ressaltamos a importância da mediação do professor no processo de desenvolvimento da habilidade escrita dos alunos. Citamos e exemplificamos algumas abordagens de escrita que o professor pode utilizar para elaborar atividades escritas. Por fim, apresentamos alguns critérios de avaliação dos textos produzidos por alunos de língua estrangeira.

Atividades de Autoavaliação

1. De acordo com o conteúdo trabalhado neste capítulo, coloque V (verdadeiro) ou F (falso) nas alternativas que seguem:
   ( ) Na elaboração de atividades de "escrita comunicativa", o professor deve levar em consideração: o objetivo do texto, o contexto em que ele será produzido, o interlocutor e o papel social que o aluno desempenha ao escrever o texto.
   ( ) As atividades de "escrita controlada" devem ser usadas apenas com alunos iniciantes.
   ( ) Atividades de "escrita controlada" fornecem boa parte do conteúdo e das estruturas gramaticais necessárias para a produção de um determinado texto.
   ( ) São exemplos de atividades de "escrita controlada": manipular sentenças e parágrafos, escrever sem a utilização de modelos e fazer cópias personalizadas.

2. Considerando a abordagem da "escrita como processo", assinale V (verdadeiro) ou F (falso):
   ( ) Segundo Christopher Tribble, a abordagem da "escrita como processo" pressupõe quatro fases: pré-escrita, rascunho, revisão e edição.
   ( ) Segundo Brookes e Grundy, na fase de pré-escrita, o autor reflete sobre seu interlocutor e seu objetivo. Além disso, ele também decide sobre a sequência de ideias do texto.
   ( ) Na fase de revisão do texto, o autor decide quais informações ele excluirá e quais ele manterá.
   ( ) Na fase de edição do texto, o autor decide se alguma informação deve ser trocada de lugar para melhor clareza do texto.

3. Com relação aos critérios de correção de atividades escritas, assinale V (verdadeiro) ou F (falso):

( ) No quesito *organização*, analisam-se os marcadores de discurso.

( ) No quesito *conteúdo*, analisa-se a estrutura do texto: causa/efeito, comparação/contraste, problema/solução.

( ) No quesito *mecânica*, analisa-se grafia e pontuação.

( ) No quesito *discurso*, analisam-se a transição entre as ideias do texto e as questões de coesão e coerência.

4. Assinale qual abordagem da escrita relaciona-se com a seguinte afirmação:

Esta "*abordagem enfatiza o objetivo de um texto escrito e a audiência para ele. Os alunos são encorajados a comportarem-se como escritores na vida real e perguntarem-se sobre objetivo e público-alvo:*

~ *Por que eu estou escrevendo isto?*

~ *Quem lerá meu texto?*" (Raimes, 1983, p. 8)

a) Abordagem de escrita livre.
b) Abordagem da escrita como processo.
c) Abordagem comunicativa.
d) Abordagem da escrita por meio de exercícios controlados.

5. Assinale a alternativa **incorreta**.

Todas são atribuições do professor de língua estrangeira comprometido com o desenvolvimento da produção escrita de seus alunos, **exceto**:

a. conhecer e compartilhar com os alunos as diferenças entre textos escritos e textos orais.
b. utilizar diferentes abordagens de escrita para atingir diferentes fins.
c. estimular os alunos a serem corresponsáveis pela revisão e correção de seus próprios textos.
d. evitar adaptar as atividades de escrita propostas no livro didático.

Atividades de Aprendizagem

1. Complete a tabela a seguir:

Como eu tratava a escrita em minhas aulas antes de ler este capítulo.	Como eu poderei trabalhar a escrita em minhas aulas após ler este capítulo.
~	~
~	~
~	~
~	~
~	~
~	~
~	~
~	~
~	~
~	~
~	~
~	~
~	~
~	~

2. Escolha uma de suas turmas e desenvolva, durante um bimestre, a abordagem processual de produção escrita. Registre, em um diário pedagógico, detalhes do processo, tais como: reação dos alunos, dificuldades dos alunos, pontos positivos/negativos etc.

Atividades Aplicadas: Prática

1. Releia este capítulo adotando uma atitude reflexiva. Tenha um caderno, que deverá funcionar como um portfólio, no qual você anotará os pontos principais deste capítulo, suas reflexões, dificuldades e ideias práticas que você poderá levar para a sala de aula.

2. Observe criteriosamente o livro didático que você utiliza. Qual é a abordagem de escrita que nele prevalece? Você sente necessidade de adaptar alguma das atividades presentes em seu livro didático? Justifique.

Considerações finais

Neste livro, não foi nossa intenção apresentar verdades definitivas acerca dos conteúdos discutidos. A ação do professor é construída cotidianamente, na troca com seus colegas e alunos. Assim, esperamos ter apresentado colaborações efetivas para o **repensar** de uma prática que precisa ser modificada, se quisermos alunos mais felizes na escola e se nos quisermos mais satisfeitos com a nossa profissão.

Você deve ter percebido que procuramos estabelecer parâmetros de análise do material didático e paradidático (em se tratando de literatura) disponível no mercado. Isso foi feito para que cada professor se sentisse mais capaz, teoricamente, de avaliar e buscar alternativas diante das exigências da escola em que trabalha. Optamos, portanto, por dar um tratamento mais prático àquelas propostas teóricas que apresentamos nos quatro capítulos, evitando uma esterilidade intelectual a que estamos sujeitos quando redigimos um livro deste porte.

Assim, se ficaram incertezas quanto ao que você vem realizando, o caminho é a interlocução com os colegas de trabalho e estudo; é essa discussão que possibilitará o crescimento a partir do que nos propusemos a questionar nesta obra. Não houve, contudo, uma ação desestabilizadora, mas uma atitude intencional de que saiamos, todos, da zona de conforto que confina a **educação** ao marasmo e à improdutividade.

Em relação às sugestões de exercício, estratégias e projetos, elas servem apenas como um norte para todo o processo criativo, que é de cada professor. Incentivar isso é imperioso. Criar a partir da pesquisa torna nossa prática pedagógica consistente, viabilizando um ambiente rico e saudável, porque em constante movimento.

Enfim, esperamos ter deixado bem claro que os trabalhos com língua materna e com língua estrangeira não estão dissociados, mas refletem-se em uma ação maior que é a competência comunicativa que todos construímos diariamente, lendo, vendo, assistindo, ouvindo, conversando e, acima de tudo, pensando coletivamente. Chegou o momento de formarmos para uma "comunicação cidadã", que nos capacite para a tolerância, a troca e o respeito, de forma que indivíduos e comunidades formem unidades pulsantes de pensar, refletir, criticar, ensinar e aprender juntos.

Glossário*

Antroposofia: filosofia que norteia a Pedagogia Waldorf. Criada por Rudolf Steiner, baseia-se em uma perspectiva holística da relação homem/mundo, centrando a prática do professor nas diferentes linguagens artísticas: música, dança, teatro, euritmia, pintura etc.

Arquetípico: derivado de arquético. Segundo Carl Gustav Jung, seriam padrões psíquicos comuns a toda a humanidade, presentes em diversas civilizações ao longo da história.

Bottom-up: processamento da leitura a partir do reconhecimento de uma multiplicidade de sinais linguísticos – incluindo letras, morfemas, palavras, frases, pistas gramaticais (prefixos, sufixos) e marcadores discursivos (indicadores de sequência lógica, contraste, exemplificação, ilustração, enumeração, adição).

* Este glossário foi elaborado a partir de livros que se encontram na lista de referências desta obra.

Brainstorm: literalmente, tempestade mental; técnica de produção criativa, muito usada na área da publicidade e propaganda, consistindo da enumeração aleatória de palavras durante um período predeterminado.

Cognatos: palavras que possuem o mesmo **radical** em diferentes **idiomas**, por possuírem a mesma origem. São semelhantes, ou até idênticas, na escrita, e possuem o mesmo significado.

Dicas tipográficas: outras fontes de informação presentes nos textos, que não se limitam aos recursos ortográficos. Dentre as dicas tipográficas, podemos citar o aspecto visual do texto, figuras e ilustrações, diferentes tipos de letras etc.

Estrutura psicofísica: terminologia que se refere à propriedade do corpo de registrar as emoções, definindo posturas e movimentos conforme, inclusive, o padrão de pensamento e as atitudes dos indivíduos.

Hibridismo: algo que não é puro, apresentando uma composição oriunda de diferentes origens.

Interlocutor: aquele com quem o locutor (falante ou escritor) dialoga.

Língua-alvo: aqui, refere-se à língua estrangeira estudada, seja: inglês, francês, espanhol, alemão etc.

Paralinguístico: aquilo que extrapola o linguístico: tom de voz, ritmo, gestos etc.

Scanning: leitura rápida de um texto em busca de informações específicas.

Skimming: leitura rápida de um texto em busca da mensagem global, sem se apegar a detalhes.

Top-down: processamento do texto a partir de nosso conhecimento prévio.

Tópico frasal: ideia central do parágrafo.

Referências

Aebersold, J. A.; Field, M. L. **From Reader to Reading Teacher**: Issues and Strategies for Second Language Classrooms. Cambridge: Cambridge University Press, 1998.

Abramovich, F. **O estranho mundo que se mostra às crianças**. 6. ed. São Paulo: Summus, 1983.

Agostini, J. C. **Brasileiro, sim senhor**. São Paulo: Moderna, 1997.

Alves, R. **Conversas com quem gosta de ensinar**. São Paulo: Cortez, 1981.

ALVES, R. Sobre moluscos e homens. **Folha de São Paulo**, São Paulo, 17 fev. 2002. Tendências e debates. Disponível em: <http://www.subemalves.com.br/sobremoluscosehomens.htm>. Acesso em: 28 mar. 2008.

ARMSTRONG, T. **Inteligências múltiplas na sala de aula**. Porto Alegre: Artmed, 2000.

ARRUDA, A. (Org.). **Representando a alteridade**. Petrópolis: Vozes, 1998.

BAKHTIN, M. **Estética da criação verbal**. São Paulo: M. Fontes, 1997.

BAMBERGER, R. **Como incentivar o hábito de leitura**. 7. ed. Tradução Otavio M. Cajado. São Paulo: Ática, 2000.

BARTHES, R. **Elementos de semiologia**. 5. ed. São Paulo: Cultrix, 1977.

______. **O rumor da língua**. Lisboa: Edições 70, 1987.

BAUMAN, Z. **Identidade**. Rio de Janeiro: Zahar, 2005.

______. **O mal-estar da pós-modernidade**. Rio de Janeiro: Zahar, 1998.

BETTELHEIM, B. **A psicanálise dos contos de fadas**. Rio de Janeiro: Paz e Terra, 1985.

BRITANNICA ONLINE ENCYCLOPEDIA. **Tower of London**. Disponível em: <http://www.britannica.com/eb/article-9048829/Tower-of-London>. Acesso em: 5 dez. 2007.

BROOKES, A.; GRUNDY, P. **Beginning to Write**. Cambridge: Cambridge University Press, 2000.

BROWN, H. D. **Teaching By Principles**: An Interactive Approach to Language Pedagogy. New York: Longman, 2001.

BURKE, D. **Street Talk 1**. Berkeley: Optima Books, 1998.

CAMPBELL, B.; CAMPBELL, L.; DICKINSON, D. **Ensino e aprendizagem por meio das inteligências múltiplas**. Porto Alegre: Artmed, 2000.

CAMPOS, A. DE; CAMPOS, H. DE; PIGNATARI, D. **Teoria da poesia concreta**: textos críticos e manifestos. São Paulo: Ateliê Editorial, 2006.

CANALE, M.; SWAIN, M. Theoretical Bases of Communicative Approaches to Second Language Teaching and Testing. **Applied Linguistics**, Oxford, v. 1, n. 1, p. 1-47, 1980.

CANCLINI, N. G. **Diferentes, desiguais e desconectados**: mapas da interculturalidade. Rio de Janeiro: Ed. da UFRJ, 2005.

CASTRO, M. A. **Tempos de metamorfose**. Rio de Janeiro: Tempo Brasileiro, 1994.

DIONÍSIO, A. P.; MACHADO, A. R.; BEZERRA, M. A. (Org.). **Gêneros textuais e ensino**. Rio de Janeiro: Lucerna, 2002.

ESCOTT, J. **London**: Oxford Bookworms Factfiles. Oxford: Oxford University Press, 2001.

FERREIRA, N. T. **Cidadania**: uma questão para a educação. Rio de Janeiro: Nova Fronteira, 1993.

FERREIRO, E.; TEBEROSKY, A. **Psicogênese da língua escrita**. Porto Alegre: Artes Médicas, 1986.

FIELD, M. L. **Componentes visuais e a compreensão de textos**. São Paulo: SBS, 2004.

Freire, P.; Shor, I. **Medo e ousadia**: o cotidiano do professor. Rio de Janeiro: Paz e Terra, 1986.

Gadotti, M. **Pensamento pedagógico brasileiro**. São Paulo: Ática, 1991.

Gardner, H. **Estrutura da mente**: a teoria das inteligências múltiplas. Porto Alegre: Artes Médicas, 1994.

______. **O verdadeiro, o belo e o bom**: os princípios básicos para uma nova educação. Rio de Janeiro: Objetiva, 1999.

Goodman, K. S. Reading: a Psycholinguistic Guessing Game. In: Singer, H.; Ruddell, R. B. **Theoretical Models and Processes of Reading**. Newark: International Reading Association, 1970.

Grellet, F. **Developing Reading Skills**. Cambridge: Cambridge University Press, 1999.

Grimm, J. **Contos dos irmãos Grimm**. Rio de Janeiro: Rocco, 2005.

Guatarri, F. **Caosmose**: um novo paradigma estético. Rio de Janeiro: Editora 34, 1992.

Guimarães, E.; Orlandi, E. P. (Org.). **Língua e cidadania**: o português no Brasil. Campinas: Pontes, 1996.

Hall, S. **Identidade cultural na pós-modernidade**. 10. ed. São Paulo: DP&A, 1990.

Halliday, M. A. K.; Matthiessen, C. M. I. M. **An Introduction to Functional Grammar**. 3. ed. London: Arnold, 2004.

Hernández, F. **Cultura visual, mudança educativa e projeto de trabalho**. Porto Alegre: Artmed, 2000.

HILL, L. A. **Introductory Stories for Reproduction**. Oxford: Oxford University Press, 1980.

HUTCHEON, L. **Poética do pós-modernismo**: história, teoria, ficção. Rio de Janeiro: Imago, 1991.

HYMES, D. H. On Communicative Competence. In: BRUMFIT, C. J.; JOHNSON, K. **The Communicative Approach to Language Teaching**. Oxford: Oxford University Press, 1979.

ILLICH, I. **Sociedade sem escolas**. Petrópolis: Vozes, 1970.

KLEIMAN, A. **Leitura**: ensino e pesquisa. 3. ed. Campinas: Pontes, 2000.

KOCH, I. G. V. **Argumentação e linguagem**. 6. ed. São Paulo: Cortez, 2000.

LÉVY, P. **As tecnologias da inteligência**. Rio de Janeiro: Editora 34, 1993.

LIEVEGOED, B. **Desvendando o crescimento**. São Paulo: Antroposófica, 2001.

MARCUSCHI, L. A. Gêneros textuais: definição e funcionalidade. In: DIONÍSIO, A. P.; MACHADO, A. R.; BEZERRA, M. A. (Org.). **Gêneros textuais e ensino**. Rio de Janeiro: Lucerna, 2002. p. 19-36.

MIZUKAMI, M. DA G. N. **Ensino**: as abordagens do processo. São Paulo: EPU, 1986.

NIDELCOFF, M. T. **Uma escola para o povo**. São Paulo: Brasiliense, 1978.

NOGUEROL, A. Língua. In: ZABALA, A. (Org.). **Como trabalhar os conteúdos procedimentais em aula**. Porto Alegre: Artmed, 1999.

NÖTH, W. **A semiótica no século XX**. São Paulo: Annablume, 1996.

______. **Panorama da semiótica**: de Platão a Peirce. São Paulo: Annablume, 2003.

NUTTALL, C. **Teaching Reading Skills in a Foreign Language**. Hong Kong: Macmillan Heinemann, 2000.

PEIXOTO, C. S. ET AL. **Letramento**: você pratica? Disponível em: <http://www.filologia.org.br/viiicnlf/anais/caderno09-06.html>. Acesso em: 7 nov. 2007.

PERRENOUD, P. **Práticas pedagógicas, profissão docente e formação**: perspectivas sociológicas. 2. ed. Tradução Helena Faria et al. Lisboa: Dom Quixote, 1997.

PORTAL DE LITERATURA E ARTE – CRONÓPIOS. Literatura e arte no plural: cronópios. Disponível em: <http://www.cronopios.com.br/site/default.asp>. Acesso em: 10 dez. 2007.

PUNTOYCOMA NÚMERO 47. Colaboraciones. Disponível em: <http://ec.europa.eu/translation/bulletins/puntoycoma/47/pyc476.htm>. Acesso em: 4 dez. 2007.

RAIMES, A. **Techniques in Teaching Writing**. Oxford: Oxford University Press, 1983.

REVISTA VEJA. São Paulo: Abril, 2007. Semanal.

RICOEUR, P. **Teoria da interpretação**. Lisboa: Edições 70, 1987.

ROCHA, R. **Marcelo, marmelo, martelo e outras histórias**. Rio de Janeiro: Salamandra, 1981.

SACRISTÁN, J. G.; GÓMEZ, A. I. P. **Comprender e transformar o ensino**. Porto Alegre: Artmed, 2000.

SANTAELLA, L. **A leitura fora do livro**. São Paulo: Educ, 1998.

SAVIANI, D. **Escola e democracia**. São Paulo: Cortez, 1987.

______. **Da nova LDB ao novo Plano Nacional de Educação**: por uma outra política educacional. 2. ed. Campinas: Autores Associados, 1999.

SHÜTZ, R. **Falsos cognatos**: inglês e português. 5 maio 2006. Disponível em: <http://www.sk.com.br/sk-fals.html>. Acesso em: 4 dez. 2007.

SILVA, E. T. DA. **O ato de ler**: fundamentos psicológicos para uma nova pedagogia da leitura. São Paulo: Cortez, 1992.

SILVA, M. DA. **Repensando a leitura na escola**: um mosaico. Niterói: Ed. da UFF, 2002.

SOARES, M. Magda Soares: entrevista [nov. 2000]. Entrevistadora: E. Bardanachvili. Rio de Janeiro: Jornal do Brasil, 2000. Entrevista concedida ao Projeto Letrar é Mais que Alfabetizar.

STEINER, R. **Educação na puberdade**: o ensino criativo. 3. ed. São Paulo: Antroposófica, 2005.

______. **Os contos de fadas**: sua poesia e sua interpretação. São Paulo: Antroposófica, 2002.

SWALES, J. **Genre Analysis**: English in Academic Research Settings. Cambridge: Cambridge University Press, 1990.

TEIXEIRA, J. Riqueza da língua. **Revista Veja**, São Paulo, ano 40, n. 36, p. 92-93, set. 2007.

TRIBBLE, C. **Writing**. Oxford: Oxford University Press, 1997.

UR, P. **A Course in Language Teaching**. Cambridge: Cambridge University Press, 1997.

USA TODAY. USA, abr. 2004. Disponível em: <http://usatoday.com/>. Acesso em: 4 dez. 2007.

VASCONCELLOS, C. DOS S. **Avaliação**: concepção dialético-libertadora do processo da avaliação escolar. 11. ed. São Paulo: Libertad, 2000.

WALLACE, C. **Reading**. Oxford: Oxford University Press, 2000.

WAPPING, P. Guide to the Tower of London. **ArticleSet.com**, London, out. 2006. Disponível em: <http://www.articleset.com/Travel-and-Leisure_articles_en_Guide-To-The-Tower-Of-London.htm>. Acesso em: 5 dez. 2007.

WEIL, P.; TOMPAKOW, R. **O corpo fala**. 60. ed. São Paulo: Vozes, 1995.

ZABALA, A. (Org.). **Como trabalhar os conteúdos procedimentais em aula**. Porto Alegre: Artmed, 2000.

ZINSSER, W. **On Writing Well**: an Informal Guide To Writing Nonfiction. New York: HarperPerennial, 1994.

Bibliografia comentada

ABRAMOVICH, F. **O estranho mundo que se mostra às crianças**. 6. ed. São Paulo: Summus, 1983.

Com ironia ferina, a autora faz uma crítica contundente às produções voltadas ao público infantil. Fanny discute a televisão, o cinema e a literatura infantil de maneira ímpar, fazendo-nos refletir acerca do material que selecionamos, enquanto educadores, para expor aos nossos alunos.

Aebersold, J. A.; Field, M. L. **From Reader to Reading Teacher**: Issues and Strategies for Second Language Classrooms. Cambridge: Cambridge University Press, 1998.

Este livro, apesar de não ser tão recente, representa uma excelente fonte de informação sobre a leitura. As autoras tratam detalhadamente dos seguintes temas: a) O que é ler?; b) Fatores que influenciam na leitura em língua estrangeira; c) Planejando o curso de leitura; d) Preparando para ler; e) Lendo o texto; f) revisando a leitura; g) Vocabulário na aula de leitura; h) Usando a literatura; i) Acessando a leitura em língua estrangeira; j) Planejando uma aula de leitura.

Além de ser um livro que traz bastante informação, sua linguagem é simples e, ao final de cada capítulo, as autoras resumem os pontos mais importantes ali tratados. Finalmente, ao ler este livro, o professor de leitura também pode contar com diversos exemplos de atividades práticas.

Brookes, A.; Grundy, P. **Beginning to Write**. Cambridge: Cambridge University Press, 2000.

O ponto forte deste livro não é a apresentação da teoria sobre a produção escrita em língua estrangeira. Assim como o livro de Françoise Grellet traz inúmeros exemplos de atividades de leitura, o livro de Brookes e Grundy traz inúmeros exemplos de atividades de produção escrita. O que faz deste livro uma ótima fonte de consulta é o fato de os autores classificarem as atividades conforme o nível linguístico dos alunos. Além da informação sobre o nível linguístico da atividade, os autores também informam quanto tempo em média dura a execução de cada atividade, quais são os materiais necessários e em que fase do processo de escrita ela se enquadra (planejamento, organização, rascunho, reescritura, avaliação, edição).

FIELD, M. L. **Componentes visuais e a compreensão de textos**. São Paulo: SBS, 2004.

Não é muito comum encontrarmos textos que tratem dessa abordagem da produção escrita. Assim, este livro é uma referência na área, fornecendo um conjunto de informações bastante úteis nos trabalhos com gêneros textuais diversos, já que a autora apresenta subsídios que nos são úteis para a análise e a produção de textos.

GRELLET, F. **Developing Reading Skills**. Cambridge: Cambridge University Press, 1999.

Este livro é composto essencialmente por exemplos de atividades de leituras, passando por exercícios de sensibilização, de prática das estratégias de skimming *e* scanning*, de percepção da organização do texto, de como solicitar que os alunos forneçam uma resposta linguística e/ou não linguística ao texto e de como conduzir os alunos a compreenderem a mensagem. No início de cada atividade, o professor encontra informações sobre o objetivo dela, as habilidades envolvidas e por que utilizá-la.*

MARCUSCHI, L. A. Gêneros textuais: definição e funcionalidade. In: DIONÍSIO, A. P.; MACHADO, A. R.; BEZERRA, M. A. (Org.). **Gêneros textuais e ensino**. Rio de Janeiro: Lucerna, 2002.

Trata-se de um texto de referência que explica, com grande propriedade, o que são os gêneros textuais e de que maneira eles se articulam na linguagem. O autor é um dos principais especialistas da linguística textual, cujos apontamentos são uma referência quando o assunto é o trabalho com os gêneros textuais na escola. Os outros textos que acompanham este na publicação são de excelente qualidade e, igualmente, merecem consulta.

Nuttall, C. **Teaching Reading Skills in a Foreign Language**. Hong Kong: Macmillan Heinemann, 2000.

O livro da Christine Nuttall divide-se em três partes: uma breve parte introdutória em que ela discute os conceitos de leitura, texto e discurso e a abordagem de leituras em aulas de língua estrangeira; uma segunda parte em que ela trata de estratégias de leitura – com um excelente capítulo sobre estratégias de fixação de vocabulário; uma terceira parte – a mais longa do livro, em que ela trata sobre o planejamento e o ensino de leitura.

Portal de literatura e arte – cronópios. Literatura e arte no plural: cronópios. Disponível em: <http://www.cronopios.com.br/site/default.asp>. Acesso em: 10 dez. 2007.

A Revista Cronópios *dispõe de material mutimidiático, sendo um referencial de* hipertextualidade. *Pode ser usada em sala com os alunos de ensino médio ou em séries finais do ensino fundamental, mas também é interessante fonte de consulta e de atualização para nós, professores, que precisamos ter contato com novas produções de semioses distintas.*

Raimes, A. **Techniques in Teaching Writing**. Oxford: Oxford University Press, 1983.

Um julgamento precipitado a partir da data de edição desse livro poderia tachá-lo de desatualizado – o que seria lamentável, pois continua sendo um material que traz vários exemplos de atividades práticas de produção escrita, criativas e de fácil utilização em sala de aula. Como o próprio título do livro informa, nele a autora trata de diversas técnicas de escrita: a) técnicas de utilização de figuras; b) técnicas de leitura; c) técnicas que envolvem todas as quatro habilidades; d) técnicas de ensino de escrita prática; e) técnicas de escrita controlada;

f) técnicas de organização textual; g) técnicas de como avaliar a escrita dos alunos.

STEINER, R. **Educação na puberdade**: o ensino criativo. 3. ed. São Paulo: Antroposófica, 2005.

______. **Os contos de fadas**: sua poesia e sua interpretação. São Paulo: Antroposófica, 2002.

Esses dois pequenos livros podem ser comprados via internet no endereço eletrônico da livraria Antroposófica. O preço é acessível e o conteúdo desvenda o universo da Pedagogia Waldorf, que muito está contribuindo – ainda que silenciosamente, no Brasil – com sua concepção de base artística. São obras surpreendentes! Mas o segundo livro é fundamental para os professores do ensino médio, que encontrarão respaldo para uma série de práticas inovadoras envolvendo arte-educação. Vale conferir!

TRIBBLE, C. **Writing**. Oxford: Oxford University Press, 1997.

Se você precisa de um livro que traga exemplos, mas que também discuta questões teóricas sobre produção de textos em língua estrangeira, este livro é uma boa sugestão. Ele divide-se em três partes, a saber: "Explicação", "Demonstração" e "Exploração". Para quem se interessa sobre gêneros, este livro traz um capítulo inteiro sobre o assunto.

Gabarito

Capítulo 1

Atividades de Autoavaliação

1. c
2. F, F, V, V
3. b
4. V, V, F, F
5. F, V, F, V

Atividades de Aprendizagem

1. Comentário:

O aluno deverá considerar a possibilidade de criatividade oferecida pelos *sites*, comentando o aspecto tecnológico que é responsável pelo enriquecimento do visual. Seria importante que o aluno também mencionasse o trabalho desenvolvido a partir do significante dos vocábulos que passa a ser ampliado e transformado, gerando situações inesperadas, muito próximo ao que o autor vivencia quando da criação literária. A diferença de lógica estrutural dos hipertextos também deve ser reconhecida, uma vez que há muitos eixos semânticos a serem explorados conforme a proposta de cada autor.

2. Comentário:

Estas reflexões são muito significativas em relação à construção da identidade de gênero e, por isso, refletem na escolha de obras literárias e na posterior análise de personagens. As propagandas servem – e muito – para demarcar territórios de gênero a partir da definição das cores (rosa, lilás/azul, vermelho, por exemplo) e do famoso "isso é coisa de menino" ou "isso é coisa de menina". São, portanto, produções nas quais as crianças se inserem e se classificam. O problema está na construção estereotipada que limita a experimentação do lúdico. A reflexão poderá contemplar, igualmente, a questão do público-alvo, uma vez que o público que compra brinquedos é de uma classe privilegiada economicamente. É possível, igualmente, entrecruzar uma discussão acerca dos afrodescendentes, uma vez que são poucos os indivíduos presentes em campanhas publicitárias que apresentam tais características.

Capítulo 2

Atividades de Autoavaliação

1. F, V, V, F, F
2. c
3. V, F, F, V
4. d
5. V, F, F, V

Atividades de Aprendizagem

1. Comentário:

O aluno deverá reconhecer, nas palavras de Rubem Alves, a importância do papel do professor na seleção do material a ser lido e, também, na adequação das propostas de leitura e de produção de textos. A reflexão deverá abordar a questão da multimodalidade nas propostas de trabalho com os textos, de modo que não se caia em uma rotina ou em uma redução de proposições, situações que podem causar a desmotivação diante da prática da leitura ou da escrita na escola.

2. Comentário:

Nesta proposta, é importante destacar o papel do visual e do que, efetivamente, significa *navegar*. O processo dos *links* rompem com a estrutura linear de investigação que passa a funcionar por redes. E são essas redes que caracterizam o intersemiótico, já que som, texto e imagem se entrecruzam de múltiplas formas com o objetivo de trocar informações e mensagens variadas. O mesmo provedor trabalha e possibilita tais experimentações quando um *combo* é acionado ou quando se clica em um *banner*. Enfim, a qualidade dessas reflexões corresponde à capacidade e à experiência do aluno em navegação pela internet.

Capítulo 3

Atividades de Autoavaliação

1. F, V, F, V
2. V, F, V, V
3. V, F, F, V
4. a
5. c

Atividades de Aprendizagem

1. Comentário:

É importante lembrar de abordar a leitura de forma processual, isto é: a) desenvolvendo atividades de pré-leitura – para elicitar o conhecimento prévio dos alunos e ajudá-los a criar hipóteses sobre o que lerão; b) aprofundando a compreensão do texto em atividades durante a leitura; e, finalmente, c) expandindo a compreensão do que foi lido em atividades posteriores à leitura.

2. Comentário:

Algumas vezes, professores de língua estrangeira negligenciam o fato de que a aprendizagem efetiva de vocabulário novo não é algo que acontece apenas pelo fato de os alunos entrarem em contato com novas palavras em um texto. O professor deve ser muito criterioso acerca de como abordar o vocabulário novo nos textos trabalhados. Como abordamos no terceiro capítulo, é importante que o professor tenha objetivos claros a alcançar e estratégias para averiguar a absorção de vocabulário por seus alunos.

Observação: para facilitar suas anotações durante a execução do estudo comparativo, selecione a mesma unidade do seu livro didático.

Capítulo 4

Atividades de Autoavaliação

1. V, F, V, F
2. V, V, F, V
3. F, V, V, V
4. c
5. d

Atividades de Aprendizagem

1. Comentário:

Como vimos no quarto capítulo, há várias abordagens diferentes de desenvolvimento da escrita – para decidir qual utilizar, o professor deve levar em consideração o conhecimento que detém sobre seus alunos – nível linguístico, conhecimento prévio acerca do gênero requisitado, domínio de como estruturar um texto etc. Lembre-se de que as atividades de escrita controladas não devem ser usadas apenas por alunos de nível básico – há muitos alunos avançados que se beneficiariam desse tipo de atividade. Na medida do possível, torne suas atividades mais comunicativas, dando aos alunos um papel segundo o qual eles escreverão, um objetivo de escrita e um interlocutor para o qual eles moldarão sua linguagem. A abordagem da escrita por intermédio de atividades práticas também é de grande ajuda, no sentido de mostrar aos alunos o quanto a escrita está presente em nosso dia a dia. Colabore para que seus alunos percam seus bloqueios no que se refere à escrita, com atividades de escrita criativa. Use sua imaginação, convide seus alunos a explorarem a deles e surpreenda-se com o que eles são capazes de produzir. Finalmente, pratique a escrita e a reescrita de pelo menos um texto por bimestre.

2. Comentário:

Esta atividade é bastante desafiadora, tanto para os alunos quanto para os professores, pois sabemos que ainda há muita resistência de ambas as partes, por motivos diferentes, de trabalhar a escrita como processo – escrevendo e reescrevendo um mesmo texto – com o foco na melhor forma de comunicação escrita.

Como dizia a epígrafe que abriu nosso quarto capítulo: "Escrever é colocar os pensamentos no papel, ou falar com alguém no papel. Se você pode pensar claramente, ou se você pode falar com alguém sobre o que você sabe ou sobre o que você se importa, você pode escrever – com confiança e satisfação" (tradução nossa das palavras de William Zinsser, 1994, p. VII). Escrever com confiança já se constitui em uma meta extremamente ousada em alguns ambientes acadêmicos. Escrever com confiança e satisfação pode parecer impossível para alguns, mas não é! A escrita é uma habilidade que aprimoramos com a prática. Por isso, a abordagem de escrita processual é tão importante. Confie, professor, e colha os resultados positivos dessa prática.

Nota sobre as autoras

Alessandra Fernandes é licenciada em Letras (Português – Inglês) pela Universidade Federal da Paraíba (UFPB), pós-graduada em Língua Inglesa e Literatura Anglo-Americana pela UFPB, mestre em Inglês e Literatura correspondente pela Universidade Federal de Santa Catarina (UFSC) e doutoranda em Linguística pela Universidade Federal do Paraná (UFPR).

Atuou como professora de inglês em escolas de idiomas de 1985 até 2001. Trabalha como professora de inglês e de português no grupo Uninter, desde 2002, com atividades no bacharelado, na graduação tecnológica, no ensino a distância e na pós-graduação. É autora do livro *Análise e produção de textos didáticos para o ensino da língua inglesa.*

Anna Beatriz Paula concluiu o curso de Bacharelado e Licenciatura em Letras – Português-Grego e respectivas literaturas – na Universidade do Estado do Rio de Janeiro (UERJ). Desde o início do curso já atuava como professora pela Secretaria Municipal de Educação (SME) do Rio de Janeiro, já que fizera o Curso Normal de Formação para o Magistério. Ao concluir a graduação, passou a ministrar aulas para o segundo segmento do ensino fundamental na SME do Rio de Janeiro. Mestra e doutora em Ciências da Literatura, com concentração na área de Semiologia pela Universidade Federal do Rio de Janeiro (UFRJ), foi professora pela Secretaria Estadual de Educação do Estado do Paraná, atuando no ensino médio, experiência também ocorrida em instituições privadas do Rio de Janeiro e de Curitiba. Palestrante na área de educação, ela ministrou cursos de reciclagem de professores em diversas cidades do Brasil.

Participou do Projeto Escritoras dos Anos 90, desenvolvido pela UFRJ/CNPq, e do Grupo de Estudos de Gênero da UFPR. Professora do ensino superior, atua no Grupo Uninter como professora de Língua Portuguesa, em cursos de graduação, e ministra disciplinas específicas em cursos de pós-graduação e do ensino a distância. Além disso, é professora-colaboradora do Ibmec (Estação do Saber).

Impressão: Reproset
Novembro/2017